U0723528

档案信息化建设与信息资源存储

徐绪琴　著

哈尔滨出版社
H.P.H
HARBIN PUBLISHING HOUSE

图书在版编目（CIP）数据

档案信息化建设与信息资源存储 / 徐绪琴著 . -- 哈
尔滨 ：哈尔滨出版社，2024.1
ISBN 978-7-5484-7415-9

Ⅰ．①档… Ⅱ．①徐… Ⅲ．①档案管理－信息化建设
－研究②档案管理－信息资源－存储技术－研究 Ⅳ.
① G270.7 ② G271

中国国家版本馆 CIP 数据核字（2023）第 134355 号

书　　名：**档案信息化建设与信息资源存储**
DANGAN XINXIHUA JIANSHE YU XINXI ZIYUAN CUNCHU

作　　者：徐绪琴　著
责任编辑：韩伟锋
封面设计：张　华
出版发行：哈尔滨出版社（Harbin Publishing House）
社　　址：哈尔滨市香坊区泰山路 82-9 号　邮编：150090
经　　销：全国新华书店
印　　刷：廊坊市广阳区九洲印刷厂
网　　址：www.hrbcbs.com
E - m a i l：hrbcbs@yeah.net
编辑版权热线：（0451）87900271　87900272
开　　本：787mm×1092mm　1/16　印张：9.75　字数：220 千字
版　　次：2024 年 1 月第 1 版
印　　次：2024 年 1 月第 1 次印刷
书　　号：ISBN 978-7-5484-7415-9
定　　价：76.00 元

凡购本社图书发现印装错误，请与本社印制部联系调换。
服务热线：（0451）87900279

前　言

随着科技与信息技术的飞速发展，信息资源已经实现了数字化存储，尤其是在信息化时代，档案由纸质信息转化为数字信息已成为档案管理的重要工作内容。相较于纸质存储信息，数字化信息无论是在查询读取上还是在保存上都有着不可比拟的优势。因此，实现档案信息化是档案管理的必由之路。

加快档案信息化建设是我国信息化建设的重要内容之一，也是加强档案规范管理工作，实现档案管理科学化和档案信息社会化服务的要求，为此，各部门应加大档案信息化建设的资金投入，完善档案信息化建设的基础设备，加快建立档案数据库和数字档案室的步伐。

本书从档案的基本概述出发，介绍了档案信息化的实施方法与策略，详细探讨了档案信息化管理与建设的理论基础，并在信息存储概论以及信息存储技术方面进行分析，希望能为档案管理信息化建设提供有益借鉴。

本书在撰写过程中参考了许多专家学者的观点，在此表示衷心感谢。书中内容仍有不完善之处，还望广大专家学者批评指正。

目　录

第一章　档案的基本概述···1

　　第一节　档案的基本知识···1

　　第二节　档案工作概述···12

　　第三节　我国档案信息化的发展··22

第二章　档案信息化的实施方法与策略··34

　　第一节　档案信息化的实施原则与方法···34

　　第二节　档案信息化策略的实施措施···38

　　第三节　档案信息化实施的途径与过程···41

　　第四节　档案信息化系统实施的步骤···47

第三章　档案信息化管理与建设的理论基础···55

　　第一节　档案信息化管理与建设的目标···55

　　第二节　档案信息化管理与建设的内容···58

　　第三节　档案信息化管理与建设的任务···61

　　第四节　档案信息化管理与建设的原则···69

第四章　信息存储概论··79

　　第一节　信息存储的发展与类型··79

　　第二节　信息存储的形式···81

第五章　信息存储技术··89

　　第一节　信息存储技术概述··89

　　第二节　信息的印刷存储···95

　　第三节　信息的缩微存储技术··108

　　第四节　信息磁存储技术··116

　　第五节　信息半导体存储技术··125

　　第六节　信息的光存储技术 ·· 128

　　第七节　信息的铁电存储 ·· 141

结　语 ·· 148

参考文献 ·· 149

第一章　档案的基本概述

第一节　档案的基本知识

一、档案的概念

由于文字的发明、社会生产力的发展、人类活动领域与范围的扩大、社会公共行政管理事务的需要，档案作为"人类历史的记忆"，于原始社会末期便产生了。在我国，档案的名称经历了较长时期的演变，最后才基本稳定在"档案"这一称谓上。根据现在所知，"档案"一词最早记载见于清代顺治年间官府文件中。

（一）档案的一般定义

《中华人民共和国档案法》第二条："本法所称的档案，是过去和现在的国家机构、社会组织以及个人从事政治、军事、经济、科学、技术、文化等活动直接形成的对国家和社会有保存价值的各种文字、图表、声像等不同形式的历史记录。"该定义详细说明了档案的形成者、产生领域、特点和形式。

《档案工作基本术语》给档案的定义：档案是"国家机构、社会组织或个人在社会活动中直接形成的有价值的各种形式的历史记录"。该定义言简意赅地指出了档案的形成者、特点以及形式。

实际上，关于档案的定义，可谓见仁见智。恩格斯曾经指出，唯一的定义就是事物本身的发展。他进一步指出，定义可能有许多，因为对象有许多方面。美国档案学家谢伦伯格曾经对各国档案工作者关于"档案"的定义研究后指出："不同国家的档案工作者对档案一词下了各不相同的定义。他们中间的每一个在下定义时，所考虑的都是如何能够适用于他所处理的材料。"并说："'档案'一词显然并没有一个不可更动而必须优先采用的、最终的、最完备的定义。它的定义可以在不同的国家做不同的修改，以适应不同的需要。"因此，关于"什么是档案"，产生了并可能继续产生若干新的认识是很正常的，是符合认识规律的。

（二）档案一般定义的基本内涵

档案产生于各种社会组织和个人的社会实践活动中，这说明档案的产生时间久远，产生领域广泛，内容构成丰富。

档案形成于人类实践活动中，是人类社会历史的"记忆"和"再现"。可以说，自从有了文字和个人及社会组织利用文字进行信息交流与沟通的需要以及留存备查的需要，就有了档案。同时，人类实践活动涉及自然和社会的各个方面，既包括政治活动、军事活动、经济活动，还包括科学、技术、文化等；既涉及人类认识以及改造自然和社会等各个方面，也涉及人类认识和改造自己的主观方面。

档案是保存备查的历史文件，档案由办理完毕且有保存价值的文件转化而来。这指明了档案的成因和价值因素。文件是各类社会组织和个人在履行职务、处理事务的实践活动中形成的具有效用的一切材料的总称。由于社会实践的持续性和继承性，将以后仍具查考利用价值的文件有规律、有规则地保存下来，就转化成了档案。可以说，现在的档案就是过去的文件，现在的文件就是将来的档案，二者具有天然的"血缘关系"。从某种意义上说，"文件"和"档案"是同一事物在不同阶段的两种称呼或者两种表现形式。

文件转化为档案是有条件的。文件转化为档案一般需要具备三个条件，即办理完毕、具有保存价值、按照一定规律适当集中。所谓"办理完毕"，是指文件在文书处理程序上的办理完毕，而非办事程序和内容上的办理完毕。所谓"具有保存价值"，是指办理完毕的文件的未来使用价值，即未来有用性。具有保存价值的文件，是文件转化为档案的根本原因。所谓"按照一定规律适当集中"，是说必须按照文件之间的内在联系，通过一定的程序和方法将其集中起来规范整理，实现系统化、条理化。科学定义上的档案，不是孤立的或者杂乱无章的文件堆积，而是内在联系着的有价值的文件整体。

档案的形式多种多样，这揭示了档案的物质存在形态和形式范围。人类实践中产生的档案，形式多种多样。档案的形式是指档案文件存在形式和内容记述与显示方式等因素。从档案信息载体来说，有甲骨、金石、缣帛、竹简、泥板、纸草、纸张、胶片、磁介质、光介质等；从信息表达方式来说，文书档案有法律、条例、办法、决定、指示、总结等，科技档案有产品图、竣工图、测绘图、气象图等；从档案材料制作方式而言，有刀刻、手写、印刷、摄影、录音、录像、复印、缩微等。档案形式的多样性要求我们在实施档案管理活动时，要注意从档案形式方面构建合理、科学的档案库藏结构，丰富档案资源。

档案是原始的历史记录，这揭示了档案的本质属性，是档案定义的核心和实质。"原始的历史记录"是档案所以成为档案的质的规定性。"档案是原始的历史记录"这一本质属性，是科学界定档案的范围，恰当区分档案和非档案的根本标准。

（三）电子档案、电子文件的定义与特点

电子计算机技术飞速发展，特别是电子计算机技术和现代通信技术相结合形成了信息技术产业，极大地推动了办公自动化、电子商务、电子政务的发展和深化，由此产生了电

子公文、电子图书、电子图形图像、电子文献资料等电子文件。具有档案保存价值的电子文件经过归档，即形成电子档案。因此，电子档案就是人类在运用现代信息技术从事社会实践活动过程中形成的、具有保存备查价值的电子文件经过归档转化而来的原始历史记录。电子档案与电子文件具有显著同一性。

"电子文件指在数字设备及环境中生成，以数码形式存储于磁带、磁盘、光盘等载体，依赖计算机等数字设备阅读、处理，并可在通信网络上传送的文件。"电子文件是"以数码形式记录于磁带、磁盘、光盘等载体，依赖计算机系统阅读、处理并可在通信网络上传输的文件"。还有的认为，电子文件是通过代码形式记录于载体，如磁盘、磁带或穿孔卡带，它的内容只能通过机器来利用，并根据来源原则进行整理；电子文件是通过数字电脑进行操作、传输和处理的文件，并具有文件的一般定义。可见，电子文件具有这样一些特点：以数字形式存在，是数字化信息技术的产物；非人工直接识读性；对设备、技术的依赖性；物理结构与逻辑结构的复杂性及对元数据和背景信息的依赖性；文件信息与载体的相分离性和自由移动性；形成与更改易操作性；信息的流动性和资源利用的共享性。电子文件有文本文件、图像文件、图形文件、影像文件、声音文件、超媒体链结文件、程序文件、数据文件等类型，而且新的种类还会不断产生。电子档案虽然因其生成条件、运行过程、识读方式以及检索、传输、利用等均与传统档案存在较大的差异性，但在主要方面仍然符合档案一般定义所揭示的档案特质。

二、档案的属性

要科学地管理档案，就必须了解档案的属性。把握了档案的本质属性，才能科学区分档案和非档案；把握了档案的一般属性，才能正确理解档案与其他事物的关系，恰当处理好档案管理和其他相关工作的分工与协作，有效地服务经济与社会建设事业。

（一）档案的本质属性

档案不仅具有"原始性""历史性""记录性"，而且三者有机融合在档案这一特定事物中。"原始的历史记录"是档案的本质属性。

原始性"原始"的含义包括"最初的""开始的""第一手的""最古老的、未开发的"。说档案具有"原始性"，是"原始的"历史记录，一方面，是说档案在内容和形式上是"直接形成"于它所记载和反映的特定主体的社会实践活动中，而且是最初始的、第一手的、未开发的材料，即"没有掺过水分"的一次性文献。档案特别注重"当时性"和"当事性"。另一方面，档案以文字、图像、声音等各种形式记录下了客观活动过程的具体情况，包括思想、计划、决策、具体内容、实施过程、质量与效果等；在档案上还大量留存着当时产生的有关当事人的笔迹、图像、语音等若干原始痕迹符号，如领导签发与签署的笔迹、当事人的指纹、当事人的声音、机关印章、个人私章等。

"原始性"直接关系到档案的"证据价值"，是一个根本性问题。同时，也必须意识到，档案的"原始性"并非绝对的,仅仅是相对于当时、当事和特定主体而言的。还必须指出,一方面,电子档案虽存在易更改性,但从相对的角度看,仍然具有原始性;此外,随着电子文件及电子档案信息安全保障技术的日益完善,其典型意义上的原始性仍然是非常显著的。我们不能以技术保障措施的缺陷去否认电子档案本身客观存在的"原始性"。客观地讲,只是人们还没有找到有效的解决办法而已。

何谓历史性?其含义可以从三个方面认识:一是指时间上的"过去";二是指"事物发生、发展的全过程";三是从我们认识和研究历史的目的上讲,所谓"历史",就是"以过去之光照耀现在"。从整体上和科学、典型的意义上讲,档案记载和反映的是"过去"的工作活动;档案是对某个或者某类实践活动或现象的发生、发展、结果等"全过程"进行全面、系统、完整记载和反映;档案的基本价值和使命以及档案管理的基本任务目标之一,就是要"维护历史发展的真实面貌""再现历史的本来面貌",充分发挥档案"以过去之光照耀现在"的历史作用,满足各方面利用需要,服务经济和社会建设事业,所以档案具有突出的"历史性"。

记录性档案的"记录性",指档案是基于某种需要而有意识地通过特定方式与方法形成和积累的。一方面,任何档案的形成都是有意识的而不是无意识的,是人类有意识地制作和使用文件,并有意识地将完结文件中具有保存价值的部分经规范集中和系统整理后转化而来的。另一方面,文件和档案都以文字、声音、图像、数字、图形、线条等符号记录了当时、当事和特定主体开展工作、处理事务的具体思想和活动过程及其成果情况。文献所蕴含的知识与信息是通过人们用各种方式有意识地将其记录在载体上的,而不是天然荷载在物质实体上的。

总之,"原始的历史记录"是档案的本质规定性,是档案区别于图书、资料、文物等若干种非档案事物的显著标志和本质特点;"原始的历史记录"也是档案的根本价值所在。由此决定,只有维护档案的真实历史面貌才能保证档案的根本价值。任何对档案真实性的破坏,将严重损害档案根本价值。

档案虽然一方面与文物、图书、资料、情报、文件等有质的区别,但另一方面,它们之间也客观存在着程度不同的某些联系,有时甚至呈现出交叉、重合的关系。因此,在实践中一方面要按档案自身的特点管理档案,另一方面要适应信息资源管理的时代要求,积极推进档案与图书、资料、情报、文件等的管理一体化。

(二)档案的一般属性

目前,关于档案的一般属性,形成了"知识性""信息性""文化性""资源性""物质实体性""人工记录性""动态发展性"等成果,在这里我们主要就档案的"知识性""信息性""资源性"做介绍。

档案的知识性简单说,就是人们对主观世界和客观世界认知的成果,而这种认知总是和人类实践活动密切相连。马克思主义认为,每个人的知识虽然由直接知识和间接知识所构成，但从根本上和整体上说，又都是从实践中获得的，离开了实践也就无所谓知识的正确获得、科学运用、有效积累和传承与发展。人们把各项实践活动中所获得的认识和经验加以总结和深化，就成了知识。档案直接形成于人类实践活动中，并真实记载和再现了人类认识世界和改造世界实践的思想、过程和结果，必然是一种重要的知识存在和存储形式。而且档案不仅是直接知识的存在形式，内容丰富，而且还是各种书本知识（间接知识）的源泉。从现代知识管理的角度讲，文件、档案作为活动的记录，凝结了实践活动者在从事各项活动过程中获得的认识、体会、经验和教训，一般是最主要的显性知识。

总之，档案的形成就是产生、提炼和存储知识的过程，积累档案就是积累知识，管理档案就是管理知识，利用档案就是传播知识。档案中蕴含的知识是一切文献知识中最基础的知识，档案是其他文献知识的基本起点和源泉，是知识继承和发展的重要基础和前提条件之一。

档案的信息性。信息是客观世界中各种事物变化和特征的最新反映，是客观事物间联系的表征，是客观事物经过传递后的再现。信息是事物的普遍属性，是人们感知事物的中介，能够给人们提供事物性质及运动状态的知识，消除不确定性，向有序化和组织化方向发展。信息来源于物质，但又可以脱离物质而被传递和存储；信息与载体具有不可分性，必须依附于物质载体而存在和交流。信息按产生先后和加工程度可分为零次信息、一次信息、二次信息和三次信息；按存在的领域可分为自然信息、社会信息和知识信息；从来源与表现形态可分为直接信息和间接信息。信息，特别是间接信息，具有比较显著的价值性、传递性、可存储性、可加工性、延续性、可继承性和可开发性等特性。因而，信息在一定条件下可以转化为生产力或者呈现出其他方面的价值。

从信息的含义、特征、种类、作用等不难发现，档案是一次信息、社会信息、间接信息，属于信息的范畴，具有强烈的信息属性。

具体讲，档案是人们在社会实践活动中形成的，真实地记录了各种实践活动的整个过程、具体运动状态和存在方式。它所储备的是人们实践活动中直接产生和形成的原生信息。在各种文献中，唯一直接记录和储备原生信息的只有档案。人们在实践中，既不断地从自然和社会中摄取各种零次信息，又不断形成新的思想认识，取得成功的经验或失败的教训，获得这样或那样的实践成果。所有这些信息，都首先是借助纸张、磁带、胶片或者其他载体，并通过手写、摄影、摄像、印刷、刻画、数字等各种记录方式，以档案的形式记载和存储下来，并被人们在实践中查阅利用。而且档案承载的信息具有原始记录性，记载和描述了最直接、最原始的运动状态、运动过程，它是真实的，具有极其明显和突出的凭证价值。档案信息是社会信息中最基本的一种存在形式，通常是其他形式的信息源。档案信息的原始性、真实性和可靠性，使得它在整个信息家族中具有非常特殊的地位和作用，极具价值。

信息技术迅速发展，信息领域的变革促进了档案领域的历史性变革。一方面，档案信息受到了社会广泛关注和重视，社会对档案信息的需求被深度激发，档案信息共享成为历史的必然和潮流。另一方面，各种信息存取技术、新型文献载体、大容量数据库以及局域网、国际互联网的广泛应用，为档案信息的管理和利用提出了新要求，提供了技术支持。新技术、新需求，彰显了档案的信息属性和信息价值，促进了广泛而强烈的社会需求的迸发，极大推动了档案信息化建设的进程。

档案的资源性。简单讲，资源就是指能够带来经济效益和社会效益的要素。现代意义上的资源观，不仅要看到人、财、物等资源，而且还从更广意义上理解资源。例如，知识是资源，信息是资源，关系是资源，渠道是资源，建议是资源，客户是资源，商标、品牌、厂名、地理位置是资源，商誉是资源，诚信度是资源，机制是资源，管理方法是资源，思想观念是资源等。不仅要看到硬性资源，还要看到软性资源；不仅看到有形资源，还要看到无形资源；不仅要看到物质性资源，还要看到精神性资源。正确把握和调动各种资源，才能够使其发挥重大的作用，创造出更加辉煌的业绩。

21世纪是以知识和信息为特征的，知识和信息都是21世纪最基本、最重要甚至起决定作用的资源。可以肯定地说，档案具有资源性，是一种重要的知识资源、信息资源。例如，从相对传统的角度讲，企业档案信息是具有重要情报价值的经济资源和管理资源，而且已成为企业资源计划和企业业务流程重组实施的基础。在企业资源计划中，各项经营管理活动都被看成供需链上的环节，它们之间的关系也化为一种信息流在内部流通和共享。如果没有档案信息（特别是有关客户和供应商的档案信息）在管理业务流程上的传输和共享，就不可能实现各种管理信息的集成，更无法实现企业业务流程重组。可见，档案的资源属性和资源价值是显著的。

从文化角度上分析，档案不仅具有知识性、信息性、资源性，还具有显著的文化性。之所以这样讲，一是因为档案的产生和历史演进本身就是人类文化的产物和文化发展的结果，档案就是文化的一种表现形式；二是因为档案还直接具有记载和积累文化的作用；三是档案具有传播文化的功能，是一种重要的文化传播手段。从这个意义上说，档案又是一种文化资源。

总之，档案是一种知识，是一种信息，是一种文化产物和文化承载与传播形式，是社会资源的重要组成部分。

三、档案的一般形成规律和历史联系

（一）档案的一般形成规律

档案是由社会组织或个人在履行职能任务或实施个人事务过程中形成并办理完毕且有保存价值的文件转化而来，是与其记载和反映的社会实践活动"间接同步""成套"地形成的，并与其产生的社会文明及技术环境不可分离。在档案管理中，只有充分研究和尊重档案的形成规律以及由此决定的档案的内在联系等，才能管理好档案，才能有效促进档案资源的开发与利用。

档案是与其记载和反映的社会实践活动"间接同步"地形成的，档案是由文件转化来的，从内容和形式上看，文件和档案是"同一事物"，没有丝毫差异；而文件是作为有关社会活动的内容组成部分与社会活动直接同步形成的。所以，从内容和形式上看，档案是与有关社会活动"同步"形成的。但是，基于"社会实践活动—文件—档案"的脉络，严格、完整、典型意义上的档案与社会实践活动是一种"间接性"的关系。我们只能说，档案是与其记载和反映的社会实践活动"间接同步"形成的。

档案是成套形成的，任何一项社会活动中所形成的文件一般都自然"成套"，完整地记录和再现该项特定实践活动的发生（或筹备）、演变（或经过）、结果、事后影响（效果）。从积累知识和经验、记录历史的需要而言，保持材料成套性，完整反映每一项活动是一种客观要求，只有成套地形成的档案才利于实现档案的价值和使命。

档案是与特定社会文明及技术环境不可分离的。从实质上看，档案的演进是与人类文明的发展相一致的，与特定历史背景下的技术条件不可分离的，不论是其产生还是识读和利用均是如此。例如，金石档案的产生与当时的青铜冶炼和青铜器制作工艺密不可分；纸质档案的产生是由于造纸术的发明，并随着雕刻技术和印刷技术的产生与发展而日益普及，进而成为人类近2000年来主要的信息记载与传播工具；声像档案离开了特定的阅读设备是无法进行识读和利用的，而现代电子化和信息技术条件下的电子档案，其生成、阅读、利用与计算机技术、网络技术、现代通信技术以及相关的支持软件、网络系统、硬件设备等具有极为显著的不可分离性。

（二）档案的历史联系

档案历史联系概述由档案的形成规律决定，档案之间具有客观、内在的历史联系，我们必须以科学的态度和方法努力地认识它、把握它、揭示它、保持它、利用它。保持联系是档案管理中的基本原则和根本性要求之一。把握档案的历史联系，一般应主要研究三方面因素：档案的基本形成特点、档案材料本身的基本构成要素、档案管理的实际需要。

从档案的基本形成特点看，首先，人类实践活动在时间上是延续、继承和发展的，"今天"的活动总是"昨天"的延续、继承和发展，"明天"的活动也必然是在"今天"活动的基础上合乎规律的客观发展结果。档案在时间上具有突出的延续性和顺序性。在空间上是密切相关的，每一社会组织和个人的实践活动绝不是彼此孤立的，而是不同程度地相互联系着，具有空间关联性。作为与实践活动"间接同步"形成的档案，都围绕机关、单位的职能任务，具体形成于为实现特定目的而开展的每一项活动的全过程，客观地有着某种职能、目的、活动、形成过程方面的同一性和相互间的逻辑联系性，即来源上是联系着的。

从档案材料本身的基本构成要素看，任何文件一般都有责任者、事由（问题或内容）、时间、空间（地区）、文种等五个内容要素。该五要素既是区分文件的五个方面，又是分析和把握文件之间具体联系的五个方面。抽象地从这个角度看，档案具有责任者联系、事由（问题或内容）联系、文种联系、时间联系、空间联系。档案的历史联系可归纳为来源联系、内容联系、时间联系、形式联系。

（三）档案历史联系的内容及其对档案管理实践的主要要求

来源联系。来源联系是指档案间在来源上具有同一性，或者是"实体来源"上的同一性，或者是"概念来源"上的同一性。所谓实体来源，是指以档案形成者为中心的档案实际来源。实体来源具有较强的可操作性，成为档案收集、整理、保管、检索等实务活动的直接依据和具体方法。概念来源是指电子档案基于计算机虚拟管理实际而具有的某种职能、目的、活动、形成过程等来源。概念来源强调关注、了解、利用和保持文件的形成过程和背景等来源联系，它一般不适用于档案实体管理工作，主要起一种理念作用。

不论是实体来源还是概念来源，对档案管理实践均有指导价值，都要求保持同一来源的档案或档案信息的适度归集，不同来源的应当采取适当方式区分。其中，实体来源联系要求管理档案实体必须区分全宗，在全宗内分类时可采用机构分类法，在档案实体材料排列时可根据具体情况适当采用机构序列排列法。

内容联系。内容联系是指档案材料在内容上的同一性。内容是档案构成要素中最实质、最稳定的核心性要素，是社会利用档案的主要需求对象。因此，档案管理一般都必须优先、充分考虑和保持内容联系。遵循和保持内容联系，一方面，要求将内容相同的档案集中在一起并一般地依内容的重要程度或内容间的逻辑关系进行科学排列；另一方面，要求将不同内容的档案区分开来，不可交叉混杂。在档案分类时采用问题分类法，排列时采用内容重要程度或内容间逻辑关系排列法，进行档案检索以及档案信息开发与提供利用服务时充分挖掘档案内容因素的价值。

时间联系。时间联系是档案间存在的客观联系，是指档案材料在时间上的相同性及顺序性。遵循和保持档案间的时间联系，一方面，要求将时间相同的档案集中在一起，不能分散、割裂；另一方面，又要将时间不同的档案区分开并按照时间顺序进行排列。保持档案之间的时间联系，要求在全宗内档案分类时应采用年度分类法，进行文件排序时应采用时间排列法，进行档案编目及信息开发时应准确标写或反映出时间。

形式联系。档案的形式联系是指在文种、载体等方面的联系。形式联系虽非档案间的主要的和实质的联系，但对档案管理实务也具有重要作用。实践中不同载体、不同存储手段的档案及档案信息应当分开保管。例如，纸质档案与照片档案、磁介质档案、胶片档案等应当分库存放。

四、档案的价值

（一）档案价值的概念及其基本内容

档案的价值是档案和档案管理工作存在与发展的生命力之所在。所谓档案价值，是指档案的利用价值，亦即档案对社会需要的满足或者说是档案对满足社会需求的有用性。档案的属性特别是本质属性能够满足社会的某种需求时，就形成了档案的价值。档案的价值问题是事关档案"生死"、决定档案事业"存亡"的最根本的问题之一。需要指出的是，档案不是商品，因而"档案的价值"不是政治经济学上定义的"价值"，而是指档案的使用价值或者说是它的"有用性"。

档案能够满足社会需要的有用性，虽然其具体表现呈现出多样性、变动性，但归纳起来，基础性的价值主要有两方面：凭证价值、参考价值。档案的其他具体价值都是以此为基础的，可以说没有凭证价值和参考价值，诸如文化价值、资源价值等均无从谈起。

档案的凭证价值是指档案由其本质属性决定而具有的证据价值，可以起到其他文献无法比拟的证据作用。档案的凭证价值是档案最基本和最基础的价值，没有这一点，档案也就根本不可能具有并发挥任何其他的作用。

档案具有凭证价值是由其形成规律和档案自身的特点决定的。从档案形成过程及其结果上看，档案是从当时、当事直接使用的文件转化而来，并非在使用之际临时编造的，它客观记录了以往的历史情况，是历史真迹，是令人信服的历史证据，具有无可置辩的证据作用。从档案本身的物理形态上看，文件上保留着真切的历史标记。如有的文件上有当事人的亲笔签署或批示，有的文件上有机关或个人的印信，而有的文件上则有原来形象的照片、录像和原声的录音等，这些就成了日后查考、研究、争辩和处理问题的依据。这些原始标记进一步证明了档案是确凿的原始材料和历史证据，是真实的历史凭证。

档案的参考价值。参考价值是指档案因其基本属性所决定而具有的对他时、他人、他事的借鉴价值。档案作为人类实践真实的原始记录，客观记录了实践的思想、活动经过、实践方法与技术、成绩与问题、经验与教训以及对有关实践活动规律的认识等。而且档案来源非常广泛，记录的知识信息内容极其丰富。档案中有成功的经验和失败的教训，有思想观点和实践事实，既涉及社会的变革又涉及生产的发展等。这些都可为后人和他人提供借鉴，使我们在工作和学习中少走弯路，尽快达到目的。人类社会发展的连续性、承继性，需要档案发挥参考甚至依据作用。与图书资料等相比较，档案的参考价值具有更强的可靠性、系统性。档案是原始记录，是第一手资料。同时，档案是人类在活动中形成的，具有来源广泛、内容丰富的特点，是可以满足各类社会组织和个人广泛利用需求的。任何单位或个人遇到难题，都可以到档案部门参考档案，寻找答案。

（二）辩证地认识档案价值

从主体与客体关系角度认识，档案的价值实际上是档案的客观属性与利用主体需求间交互作用结果的客观反映。如果档案仅有某种属性却无利用主体或者与利用主体需求不相匹配，其所谓的"满足社会需求的有用性"也就无从谈起；如果仅有社会利用主体的某种需求，但无与需求匹配的档案，则社会需求也无从满足。所以，"档案的价值"应是一个具有社会属性的概念，是档案能够同社会利用主体的实践活动及其具体利用需求相联系、相匹配的一种属性，属于关系范畴的概念。档案的属性只有同主体的需求联系起来并得到肯定时才谈得上具有"价值"，也才能构成"档案的价值"。这就要求档案部门一定要科学地全面分析档案的客观属性，准确判断社会实践活动各方主体对档案信息的需求，有效促成二者间的结合。

从静态与动态结合上认识，一方面，档案的价值就是档案的客观属性与档案利用主体需求之间交互作用的结果的客观反映；另一方面，档案客观上具有的可以满足社会需求的潜在有用性是多方面的，从理论上说是完全能够满足不同时期、不同领域、不同主体的不同需求；同时，主体对档案的需求客观呈现出明显的层次性和变动性。因此，对档案价值的认知、利用、评价，应坚持马克思主义唯物辩证法，从静态和动态两方面进行全面分析与把握。这就要求档案部门在研究和开发档案信息资源时，一方面，要坚持"围绕中心，服务重点"的原则分析并发掘档案的价值，从宏观层面找到服务的结合部。另一方面，对潜在和现实的具体需求内容与规律加强研究，把握微观利用主体的需求脉搏，提高服务的具体针对性；把握和利用好档案价值的多维性、间接性。

从对国家和社会的价值与对个体的价值上认识，档案的价值是多方面的，而且在满足社会需求上因主体的动机和目的不同而呈现出不同的层次性，"对国家和社会需求的满足"和"对单个社会组织或者个人具体需求的满足"即其表现之一。应当说，"对国家和社会需求的满足"和"对单个社会组织或者个人具体需求的满足"是既统一又对立的关系。一方面，"对国家和社会需求的满足"并不是抽象的和不可触摸的，它一般是通过"对单个社会组织或者个人具体需求的满足"来实现，二者在整体上和根本上是一致的，具有统一性；另一方面，二者毕竟又是分别处于不同层面上的价值，是档案对不同层次的主体需求予以满足所呈现出的"有用性"。因此，在分析档案价值时必须坚持全面的观点，处理好"具体与一般""局部与整体""个体与社会"之间的关系。在档案信息资源开发与利用服务中，既要立足于首先满足每一特定利用主体的利用需求，又要紧紧围绕党和国家以及地区、行业、单位的中心工作、重点项目等，通过有效满足个体利用需求实现对国家和社会整体需求的满足。

从有用性与可用性上认识，档案对满足各种需求是有用的，具有多角度、多层次的有用性。但是具有"有用性"仅是档案价值问题的一个方面而已，更为重要和更有价值的是问题的另一方面，即"可用性"。如前所述，只有"有用"的档案真正与社会利用主体的具体需求相吻合，并通过利用主体的实际有效利用，现实地满足社会需求，才能获得社会的认同，才会真正被认为是"有价值"的，否则档案和档案工作的"立足之地"将受到严峻挑战。

因此，档案部门不仅要大力宣传档案和档案工作的价值，营造必要的有关档案价值的社会意识环境；更为重要和关键的，应当是在坚实地做好档案资源基础性管理工作的条件下，千方百计抓准需求，进行全面、深入、动态地系统开掘，综合分析档案价值的形态与内容，运用传统和现代的有效技术手段和方法，编制科学的检索工具，建立体系完整、实用性强的检索体系，不断"生产"适销对路的档案信息产品。

从工具价值与文化价值上认识。客观地讲，档案作为人类社会实践的成果，具有显著而强烈的文化性，具有传承人类文化的重要作用，是一种其他形式的文献无可比拟和无可替代的文化资源，具有文化价值。但同时也必须认识到，档案还呈现出"工具性"的一面，即还具有工具价值。档案为什么会产生？档案为什么需要保存？答案很简单，正如理论认识成果中说的那样："保存备查。"为"备查"而"保存"，因"保存"而能够"备查"，因保存而可以实现"今世赖之以知古，后世赖之以知今"。这已经充分说明档案产生、积累和保存的直接原因和目的之一，就是作为一种必要的工具和手段。实事求是地说，"工具性"应该是档案的一种基础性属性，如果没有档案这种"工具"，何来记载和反映历史真实面貌？何来的传承文化？何来的凭证和参考？因此，工具价值也就自然成为档案的一种基础性价值。

当然，实质上说，工具价值仅是档案的一种形式价值，文化价值才是其内涵价值。认识和开掘档案价值，既要着力于档案的文化价值，发挥其文化资源的作用，但也不能对其工具价值视而不见或任意忽略。要正确处理好内容与形式、目的与手段的关系。

五、档案的一般作用

档案的一般作用是档案基本价值的具体表现。机关、单位工作查考的凭据档案是由机关等社会组织在过去活动中形成的文件转化而来的，记录和反映了社会组织过去各方面活动的情况，并在最初主要是为社会组织工作服务。社会组织要保证其工作的正常开展和延续，一般必须查考利用档案，因而档案工作成为社会组织行政管理工作的重要组成部分。各社会组织在工作中，为了解组织历史，为增强职工主人翁责任感而进行宣教，为塑造良好的组织形象而进行社会宣传，为科学决策和制定切实可行的管理规章，为掌握工作规律或寻求解决问题的办法等，通常需要查考利用档案。无案可查或有案不查，都会给工作带来困难。

生产建设的参考依据。例如，在科技工作中复用技术图纸及技术参数以节约劳动耗费，创造经济效益；利用档案帮助确定经济建设项目；利用档案帮助制定经济技术指标等。档案记载了各种生产活动的情况、成果和经验教训，也反映了自然资源、生产条件、生产管理和生产技术等方面的信息，是经济管理和生产建设的重要依据和有益参考。尤其是科技档案，更是现代化生产与管理不可或缺的条件。不论是制定一个地区、一个部门的生产发展规划，还是生产某个产品、进行某项技术改造，都要利用档案。在全面建设节约型社会的今天，更应重视档案特有的作用。

科学研究的必要条件。例如，司马迁撰写《史记》、司马光组织撰写《资治通鉴》等均大量利用了档案；马克思撰写《资本论》时大量研究和利用了工厂视察员报告、皇家铁道委员会记录及证词以及其他各种文件中有关工人劳动、工资、生活乃至居住条件等大批档案材料等。任何研究都必须以广泛占有材料为基础，以材料的真实可靠性为前提。如果不利用档案文献，不但不能完整、准确掌握业界研究状况，不能科学把握相关领域实践成就及规律等基础信息，而且还可能造成损失，影响工作的效率与效益。"科学研究是站在前人肩膀上向上攀登的事业"，这一形象比喻道出了大量掌握、研究、学习借鉴前人的研究成果和经验的无比重要性。档案一方面能提供原始的记录供直接借鉴，另一方面能以其记载的大量的事实、经验和实验、观察结果为现实的研究提提基础材料。

宣传教育的生动素材。档案再现了丰富多彩的历史，记载了各个历史时期进步势力、英雄人物的光辉事迹；记载了社会主义建设事业取得的成就；记载了特定组织取得的生产、建设、服务的每一项成果；记载了涌现出的先进模范人物的榜样事迹。因此，档案在革命历史教育、爱国主义教育、社会主义建设成就教育、社会主义法制教育、组织成员的主人翁教育、勇于改革创新教育等方面起着更为重要的作用。而且和其他宣传素材相比，档案以原始性、直观性、具体性和生动性等特点见长，利用档案开展宣传教育具有强烈的说服力和感染力，有助于收到良好的成效。档案部门应充分认识这一点，努力把档案馆（室）建设成国家、社会、单位宣传教育的重要基地。

档案作用的发挥有其特定的规律性，正确认识和把握它，有助于增强针对性，便于采取措施促进档案价值的充分实现。

档案作用发挥的规律性主要有四个方面：档案作用范围随着时间的推移和作用性质的变化，会逐步从主要服务于其形成者扩大到为包括形成者在内的社会各个方面服务；随着时间的推移和条件的变化，档案的保密范围会逐渐缩小，保密等级会逐步降低，开放程度日益提高，可供社会共同利用的非密档案将越来越多；基于多维性、间接性特点，随着时间、条件和人们利用目的的变化，档案将逐步从主要发挥现行作用转变为主要发挥科学文化作用；档案作用能否充分发挥，与特定的条件直接相关，受到社会制度、政治路线、政策状况、社会档案意识和社会利用实践、档案管理与服务水平等诸多条件的影响。

第二节　档案工作概述

广义的档案工作同义于档案事业，是指管理档案和档案事业的活动，包括档案行政管理工作、档案馆工作、档案室工作、档案教育工作、档案科学研究工作和档案出版工作等；狭义的档案工作是指档案管理工作，即档案收集、鉴定、整理、保管、检索、信息开发与提供利用、统计等实践活动，通常就是档案室（馆）开展的业务工作。

一、档案工作的内容与性质

（一）档案工作的内容

档案工作的具体内容可谓纷繁复杂、丰富多彩，但归纳起来主要有以下方面的内容。

1. 档案收集

档案收集是指档案馆（室）接收或征集档案和其他有关文献的活动。收集的任务是实现档案从相对零散向集中的转化，并为国家和社会积累档案财富。通过收集工作，为档案的系统保存与有效利用奠定基础。

2. 档案鉴定

传统意义上的档案鉴定，主要是指鉴别档案真伪和判定档案价值的活动。档案鉴定的目的，一是尽量保管应该保管的档案，二是确保档案的真实可靠，三是区分重要与相对次要的档案，使档案保管机构的人力、物力和财力能够充分发挥作用。随着电子档案数量的不断增加及其管理与利用的日益普遍，对电子档案的鉴定除上述内容外，还包括进行必要的技术鉴定，确保其运行与识读顺畅。

3. 档案整理

档案整理主要是指按照一定的原则，系统地对档案进行全宗区分以及全宗内的分类、排列、编目、组合、包装等，使之从相对"凌乱"转变为"系统"的有序化过程。通过档案整理工作，使来源广泛、内容复杂、形式多样、数量庞大的档案条理化、系统化，为科学保管、有效检索、系统开发和全面利用打下坚实基础。

4. 档案保管

档案保管是维护档案信息及其载体的完整与安全的活动。档案保管的内容主要是两个方面：一是与各种损害档案信息及其载体安全的因素进行不懈的斗争，维护档案及其信息存储的有序性，实现档案"延年益寿"；二是通过科学管理"方便利用"。

5. 档案检索

档案检索是指存储和查找档案信息的过程。通过档案检索工作，可以多途径、多形式地揭示档案的内容与成分，提供检索档案的手段与方式。

6. 档案信息开发

档案信息开发即科学"开掘"与"发现"档案的价值与作用，并通过适当的渠道、方式、方法适时将其传递给用户，以满足社会利用需求的活动。就我国的档案信息开发实践而言，一般就是"档案编研"。档案编研是指在研究档案和社会需要的基础上，按照一定的题目、体例和方法编辑档案文献的活动。通过档案编研工作，一方面，可以发现档案的有用性，而且可以提高档案的可用性，有效满足社会需要，及时实现档案价值；另一方面，通过编研，不仅有利于让档案信息以编研成果形式进行流传，而且还有助于延长档案原件的寿命。

7. 档案利用服务

档案利用服务也叫"档案提供利用"，是指档案部门通过阅览、复制、摘录、上网等方式，向利用者及时、准确地提供其所需档案信息进行使用的活动。档案利用服务既是档案管理工作根本属性的体现，也是档案管理工作的最终目的。通过有效利用服务活动，可以使档案和档案管理实践活动的价值得以体现和实现。

8. 档案统计

档案统计是指对反映和说明档案及档案工作现象的数量特征进行搜集、整理和分析的活动。通过档案统计工作，可以让人们对档案"心中有数"，并反映出档案工作的成绩或不足，有利于促进档案管理水平与绩效水平的不断提高。

（二）档案工作的性质

档案工作是管理和开发档案资源服务的建设事业，是维护历史真实面貌的重要事业。就其基本性质而言，具有显著的服务性、管理性、文化性、政治性。

档案工作是一项服务性工作，就其实质性的基本内容和作用方式而言，主要是通过管理档案和开展档案信息资源利用服务活动来满足社会各方面需求，为生产、建设、管理、服务等社会活动的顺利推进并取得实效提供必要条件的工作。档案管理劳动的价值和作用的体现，具有"间接性"，必须以社会有关领域的用户的实际有效利用为"媒介"，并通过用户利用后创造的经济效益与社会效益反映出来。因此，档案工作具有显著的服务性，档案工作者必须树立坚定的服务思想，富有"绿叶"精神。

档案工作是一项管理性工作，主要有两方面的理由：第一，档案工作自身是一项以档案为管理对象的专业性管理工作，自身有一套科学的管理理论、管理方法、管理技术，有其特殊的规律和丰富的科学内容。第二，档案工作是社会管理和其他专业管理工作的重要组成之一。从系统论观点看，档案工作这一相对独立的管理系统处于不同规模和层次的更大管理系统之中。一方面，档案管理工作融于其他管理工作之中；另一方面，其他管理工作也离不开档案管理工作。例如，人事管理离不开人事档案，财务管理离不开会计档案，教学管理离不开教学档案，人事档案工作、会计档案工作、教学档案工作分别融于人事、会计、教学等管理工作之中，并成为其实施管理的基础性工作。

档案工作是一项具有文化性的工作，档案具有文化性，是一种重要的文化资源。因此，以档案为基本管理对象、以档案服务社会为基本条件的档案工作，自然也成为具有文化性的工作，甚至可以说是文化工作的重要组成部分。特别是档案馆工作，因其在人类社会文化传承中的作用决定了它显著的社会文化性，主要表现在：档案是社会文化的组成部分，档案馆具有保存历史文化遗产的作用；档案馆具有传播社会文化知识与信息的作用；档案馆具有社会文化教育的作用；档案馆具有发展科学文化的作用。

档案工作是一项具有政治性的工作，这主要表现在三个方面：第一，服务方向是其政治性的集中表现。如果服务的方向错误，不但不会使档案发挥它为党和国家服务的作用，相反还会导致危害党和国家利益的后果。第二，机要性是其政治性的重要表现。第三，档案工作是"存信史""留真实"的工作，基本使命是维护历史本来面貌。因此，档案工作者应当增强党性原则，坚持辩证唯物主义和历史唯物主义，坚持实事求是，保护档案不受破坏和歪曲，并积极地用档案去印证历史、校对历史。

二、我国档案工作的基本原则

《中华人民共和国档案法》（以下简称《档案法》）第五条规定："档案工作实行统一领导、分级管理的原则，维护档案的完整与安全，便于社会各方面的利用。"这就是档案工作的基本原则。其基本内涵是：第一，规定了档案工作组织原则和管理体制——统一领导、分级集中地管理国家全部档案；第二，规定了档案管理基本质量要求——维护档案完整与安全；第三，规定了档案工作根本目的和终极质量检验标准——便于社会各方面利用。

（一）统一领导，分级集中管理国家全部档案

统一领导，统一管理。统一领导是指国家档案工作由国务院统一领导，地方档案工作由地方各级人民政府直接统一领导。《档案法》规定："各级人民政府应当加强对档案工作的领导，把档案事业的建设列入国民经济和社会发展计划。"统一管理，是指国家档案局对全国档案事业进行统一的宏观管理、全面规划、统筹安排，制定统一的制度、标准、规章等；地方和专业（行业）的档案工作由地方档案行政管理部门或中央专业（行业）主管部门统一实施业务管理。

档案工作，由各级档案行政管理机构统一、分层次地进行监督和指导。全国各机关、企事业单位档案工作和各级各类档案馆工作，均由相应的各级档案行政管理机构进行统一指导、监督、检查；同时，各机关、企事业单位的档案机构和各级档案馆，必须按统一的规章制度和办法实施档案管理。

档案由各级档案机构分别集中保存，并实行党、政档案的统一管理。各机关、团体、企事业单位等组织形成的全部档案，必须统一由本单位档案机构集中管理，不得由承办单位或个人分散保存，更不得据为己有；需要长久保存的，应按规定集中到有关档案馆保管。《档案法》把不按规定或不按期移交档案视为违法行为。

一个社会组织的党、政、工、团、妇联等工作中形成的档案，由统一的档案机构进行管理；需要长久保存的档案，统一集中于有关档案馆保存；各单位的档案管理工作则按管理体制和管理权限，实行在国家档案局统一掌管下，以专业主管机关为主，以各级档案行政管理机关为辅的管理体制，在纵向上实行"按专业统一管理"，在横向上由地方各级档案行政管理部门对本行政区域内的档案工作实行监督、检查和指导。

（二）维护档案的完整与安全

维护档案的完整。一是维护档案在数量上的完整，二是维护档案在质量上的完整。在数量上，要求将所有有保存价值的档案收集齐全，完整再现一个单位或一个地区等的历史面貌。在质量上，按档案的内在联系系统地进行整理，组成有机整体，不零散、不凌乱，系统反映完整的历史面貌。为此应注重在量中求质，质中求量，真正达到完整的要求。

维护档案的安全，一是维护档案实体的安全，二是维护档案信息的安全。因此，在档案管理过程中，一方面，要采用一切手段，尽量延长档案寿命，避免物质形态上遭受破坏；

另一方面，既要对档案蕴含的机密内容采取保护措施，防止泄密失密，又要通过有效的技术与手段确保档案信息不被篡改，识读不会困难。维护档案完整和维护档案安全，是对档案工作基本质量要求的两个方面，二者相辅相成，有机联系着。

（三）便于社会各方面的利用

档案管理工作所有的劳动，最终都是为了有效满足社会各方面的需求。因此，"便于社会各方面的利用"是档案工作的出发点和归宿点，是档案工作的根本目的和终极质量检验标准，支配着档案工作的全过程。

统一领导、分级管理和维护档案的完整与安全是手段，便于社会各方面使用才是目的，前者为后者提供组织、制度和物质基础保障，而后者则是前者的目的和方向。只有牢记"便于社会各方面的利用"，才能妥善处理内外关系中的各种矛盾，把档案工作做得更有成效。

档案工作基本原则的三个组成部分是辩证统一的关系。统一领导、分级管理是核心，没有它做保证，就不会有完整与安全，便于利用的目的也难以实现；维护完整与安全是手段，否则就不会有方便利用和有效利用；便于社会各方面的利用是目的，离开了它，维护完整与安全也就失去了方向和意义。所以，应该全面理解和贯彻执行档案工作的基本原则。

三、档案管理机构

我国档案事业组织体系由档案室、档案馆、档案行政管理部门以及其他辅助性机构构成，这些机构在全国范围内构成了一个结构合理、管理科学、颇具规模的档案工作组织体系。其中，直接从事档案具体管理的机构是档案室和档案馆。

（一）档案室的性质与功能

从微观上讲，档案室是机关、企事业单位及其他社会组织的内部组织机构，是集中管理本单位档案的专业机构，是机关、团体、企事业单位内具有参谋和咨询作用的部门；从宏观上看，档案室是国家档案工作组织体系中最普遍、最大量、最基层的业务机构，肩负着为国家、为社会积累档案财富的使命。整个国家档案的完整程度和连续积累，首先决定于档案室；档案室是档案形成后提供利用、发挥档案作用的前哨；档案室中具有长远利用价值的档案最终要过渡到档案馆，因此，档案室工作的好坏直接关系到档案馆档案质量的高低。

档案室按职能任务可以分为两种：一种是纯粹的档案保管机构；另一种是具有档案保管和档案业务指导双重职能的档案室。具体又分为普通档案室、科技档案室、音像档案室、人事档案室、综合档案室、联合档案室六种。

《中华人民共和国档案法实施办法》第九条规定，档案室的职责是：第一，贯彻执行有关法律、法规和国家有关方针政策，建立、健全本单位的档案工作规章制度；第二，指导本单位文件、资料的形成、积累和归档工作；第三，统一管理本单位的档案，并按照规定向有关档案馆移交档案；第四，监督、指导所属机构的档案工作。

（二）档案馆的性质与功能

档案馆是集中管理特定范围内形成的具有"永久"或"永久和长期"保存价值的档案的基地，是科学研究和利用档案史料的中心，是国家文化事业单位。

档案馆是档案工作组织体系中的主要业务系统，居于主体地位。第一，档案馆集中保存了大量的具有长远保存价值的档案；第二，档案馆在干部配备和物质条件等方面优于其他档案部门；第三，档案馆工作最能体现一个国家或地区的档案工作成果，反映档案工作水平。

《中华人民共和国档案法实施办法》第十条规定，档案馆的职责是：第一，收集和接收本馆保管范围内对国家和社会有保存价值的档案；第二，对所保存的档案严格按照规定整理和保管；第三，采取各种形式开发档案资源，为社会利用档案资源提供服务。

我国的档案馆主要有五种：

综合档案馆是指按照行政区划或历史时期设置的，管理规定范围内多种门类档案的，具有文化事业机构性质的档案馆，如中国第一历史档案馆、中国第二历史档案馆、四川省档案馆、成都市档案馆等均属此类。

专业档案馆是管理特定范围专业档案的档案馆，既可按其所保存档案的载体形态设置，也可按其所保存的档案涉及的专门领域设置，如中国电影资料馆、中国照片档案馆、中国地名档案资料馆、上海市城建档案馆等均属此类。

部门档案馆是专业主管部门设置的管理本部门及其直属机构档案的档案馆，如中华人民共和国外交部档案馆等。

企业档案馆是某一企业设置的管理本企业档案的档案馆。

事业单位档案馆是事业单位设置的管理本单位档案的档案馆。

四、两个一体化

（一）文档管理一体化

随着社会主义市场经济的深入发展和科学技术的突飞猛进，特别是计算机技术、网络技术等的发展，理论和实践领域根据新的形势提出了"文档一体化"的管理理念。随着信息化建设的积极推行和日益深化，"文档一体化"的实践已初见成效。所谓"文档一体化"，就是从文件管理工作和档案管理工作的全局出发，在文件生成、处理、归档到档案管理的全过程中，使用"文档一体化"计算机管理系统，一次输入，多次输出，反复利用。一方面，从文件产生到运转的每一个环节上，特别是在文件向档案转化的关键环节上，都体现并努力符合档案的要求；另一方面，档案管理必须关注文件管理阶段的若干技术细节，注重文件的形成、使用、管理对档案管理的影响，并据此需要通过特定的技术条件和技术手段，在制度与标准的支撑下，从文件管理阶段就提前介入。实现文档生成一体化、管理一体化、利用一体化、规范一体化，做到文件工作与档案工作信息共享和规范衔接。

文件管理与档案管理一体化，是将原来的文书处理和档案管理工作整合为一个既统一又分工，既有联系又有区别的综合性管理过程。这有利于克服文件管理工作与档案管理工作分离而带来的问题和消极影响。由于在日常机关工作中，人们大多只注重文件的现行目的和现行效用，使得文件在质量上出现了物质形态不统一、制成材料不合乎质量要求、信息记录要素不完整、归档范围内的材料不齐全等一系列问题；由于归档是文件管理工作和档案管理工作的结合部，归档工作质量的好坏从根本上决定着档案工作的质量，如果文件管理部门和档案管理部门不能很好地配合，将直接影响档案管理；由于我国文件管理工作和档案管理工作各自作为独立的系统，理应由两组管理机构体系来分别承担，档案部门无法从"源头"来控制档案的质量和数量。实现文档一体化，不仅可以解决诸如上述问题，而且也是一种资源整合，既有助于节约资源、提高效益，也有利于减少环节、减少不协调，重组文档管理流程，提升工作质量和效率。

实际上，文档一体化是一种由来已久的、客观的需要，并非什么新东西。只不过在过去没有显得那么必需，人们未真正有效地进行研究和实践，而在现代社会里，由于信息技术的发展，随着电子文件和电子档案的产生并呈几何级数迅猛增长，这个问题成了非正视不可的了。当然，在今天的条件下，文档一体化不仅比过去显得迫切，而且确实也比过去任何时期更有条件实现。我们之所以说文档一体化是一种客观需要，主要是基于两点缘由：第一，如前所讲，文件与档案之间本身就存在"血缘联系"。文件管理工作人员头脑中要有"档案"二字，不仅要让文件为当前工作服务，还要站在对历史负责的高度，按文档一体化的要求，规范办理每一份文件；档案部门应当从档案质量和管理的需要出发，加强对文件生成、处理、积累、归档等的全程关注，与文件部门密切合作。我国早在20世纪30年代，由甘乃光主持进行的"行政效率运动"中推行的"文书档案连锁法"，应当说就是一种文档一体化的尝试。第二，正如文件连续体理论、前端控制理论等所言，文档一体化是电子文件（含电子档案）时代的要求。电子文件及电子档案产生后，对界限分明、分工明确的传统管理流程产生冲击，文件管理环节之间、文件管理与档案管理之间、档案管理的各个方面之间，其界限会呈现模糊化趋势。有的环节提前了，例如著录、鉴定、保存等工作在电子文件生成时就被全部或部分地完成；有的环节的实施时间延长了，如加载元数据的著录工作几乎贯穿了电子文件（包括电子档案）的整个生命周期。最重要的是，电子文件管理中的文档一体化流程在总体上呈现集成化趋势，不同的业务环节交叉进行或同时进行，各管理阶段的界限不像在纸质文件管理系统中那么明显。

文档一体化使得档案工作出现了很多新的变化，如档案事业的关注焦点从文件实体转向文件形成过程；从注重分散的个别文件的性质和特征转向关注导致文件产生的业务职能、活动、任务、事务处理和工作流程；从根据文件内在价值或研究价值进行鉴定转向宏观鉴定形成者的主要职能、计划和活动，挑选出反映其主要工作活动的文件加以保存；从对文件的实体整理、编目和保管转向根据信息系统和形成者在相关文件之间的有机联系进行整理。

（二）档案、图书、情报一体化

档案、图书、情报信息一体化管理，是基于社会实践的需要和科学理论的发展而提出来的，是一个世界性的趋势和实践要求。一方面，信息成为一种重要的资源，甚至是一种战略性资源，受到了世界各国政府、各个企业甚至每一个人的重视，因而一体化成为必然；另一方面，因信息技术等现代科学技术的飞速发展，既使档案、图书、情报在内容、形式、数量形成方式上发生了很大变化，又使整合档案、图书、情报进行综合管理、整合资源具备了现实可能。

"一体化"是三者间的共性决定的客观要求。虽然三者之间存在着区别，但三者同时也存在着实质性的共同点，而且一般来说，三者的共性方面还是基本的、主要的。第一，它们都具有信息属性，其承载的内容都符合信息的属性和特征，都是重要的信息资源；它们都是以纸、胶片、磁带等物质载体存储有关信息。第二，作为人类积累、传播和存储知识的方式与手段，所发挥的作用和需要实现的目的具有一致性，而且相互间密切联系又互为补充。第三，从三者管理工作方法来讲，从输入、存储、输出三个基本环节来看，三者的技术管理方法和流程大体相同。它们的输入环节主要是靠收集、验收、登记；存储手段主要是分类、编目、统计、保管、控制、选择、转化；输出方法主要是靠提供利用、阅览、咨询等。因此，从内容属性、形式特征、管理方法等看，三者一体化具有客观基础。

科学技术和信息利用的综合性要求实施三者的一体化管理。不争的事实是，现代科学技术各部门、各学科之间既分化分工，又日益综合，相互渗透，边缘化、综合化是科学技术发展中的一个突出特点。任何一个科学部门、每一个学科，其理论研究也好，实践探索也罢，只有在整个科学体系的相互联系中、在实践方法体系中才能得到发展，不可能脱离其他部门或学科而完全独自进行研究和实践探索。因此，档案、图书、情报领域不仅要注重自身积极向纵深发展，同时也应当加强相互间的横向联系。

实际上，即使是自身的纵向发展也通常是建立在相互联系、相互借鉴基础上的。要发展就必须使现代科学技术与各门学科之间既分化又综合，使科学形成统一完整的体系，使各门学科的研究都不可能脱离其他学科的研究而单独进行。档案学要想在自身的发展中有所突破，就必须在注意向纵深发展的同时，加强与相关学科之间的横向联系。从信息利用者的需求特点来看，在信息时代，一方面，人们对信息的需求量急剧增大，对信息的完整性和精准性要求越来越高，对获取有效信息的速度要求也空前严格；另一方面，如果档案、图书、情报分别由不同系统、不同部门进行管理，利用者势必在数量众多、形式多样、内容复杂、管理各异的现实面前遇到许多困难，很难达到全、准、新、快的利用目的。这也客观要求实现档案、图书、情报等信息管理的一体化。

现代信息管理理念和先进的管理技术手段为档案、图书、情报一体化管理提供了条件。档案、图书、情报管理一体化的信息资源整合，实现档案、图书、情报一体化管理，已经在不少企事业单位取得了成效。

就档案、图书、情报一体化管理的具体组织形式而言，可以采取以原有的档案、图书、情报工作中的某一部门为基础，设立信息中心，成为一个专门机构。实践中，企业一般以档案部门为主体建立档案信息中心（也称信息中心），作为统一的信息管理实体机构。这种组织形式便于建立计算机管理系统，实行现代化管理，同时也有利于实现对信息资源的联合开发利用。实践中不仅统一的企业信息管理机构日益增多，而且若干大型企业对信息资源统一管理，进一步从组织上为真正卓有成效地实现一体化管理提供了保障。

建立信息中心，有利于冲破分别管理时不可避免的信息分散、分割的制约，在更大范围内发挥档案、图书、情报信息资源的长短互补、共同发展、资源重组、综合集成优势，充分发挥信息的作用；有利于集中资金、技术，统筹规划、系统设计，积极采用计算机技术、网络技术、光学技术、声像技术等，加速档案、图书、情报管理的现代化进程，既与企业管理现代化同步推进，又可促进企业管理水平和效益的不断提高。

从未来的发展考虑，最终的"一体化"可能不仅仅是两个"一体化"，而应当是"文档一体化"与"档案、图书、情报一体化"逐步实现分化基础上的新的整合，走向文件、档案、图书、情报等各类信息资源管理的"大一体化"，实现四者在相互渗透、有机融合基础上的综合管理，使信息资源管理系统的功能进一步放大。当然，在"大一体化"背景下，基于文件本身的一些特殊性，在管理上必然会有一些特殊之处。

五、档案工作标准化与法制化建设

（一）档案工作标准化建设

档案工作的标准化是实现档案管理规范化、现代化的基础，特别是在档案信息化进程不断推进的条件下，努力提高档案管理标准化水平显得尤其重要。但是，在档案管理业务实践和档案管理信息化技术系统建设中通常遇到在"标准与我的看法谁为上"的问题上，过分强调本单位特殊性、管理方式不可更改等情况。这种实质上无视标准化、拒绝采用标准的做法是极其有害的。采用标准意味着进步，对档案管理品质的提高和档案管理信息系统建设的长远发展有不可估量的作用。为了推进档案管理业务技术不断现代化，就必须在标准化上下足功夫。

我国国家标准对标准的定义是："标准是对重复性事物和概念所做的统一规定。它以科学、技术和实践经验的综合成果为基础，经有关方面协商一致，以特定形式发布，作为共同遵守的准则和依据。"因此，在我国标准的基本含义主要是：它的工作对象必须是需要协调统一的事物，而且该事物要具有重复性、多样性的属性特征；它必须以科学技术成果和较普遍的社会实践经验为基础，而不能凭主观和一时一地的局部经验为基础制定；它需要通过有关方面协调统一，以期达到先进、合理、客观可行；它的本质特征是统一；它需要经过社会公认的机构批准，并以特定形式发布，才能在一定工作领域内发挥作用；制定它的目的是获得最佳的经济与社会效益，建立最佳的工作秩序，保证有关工作沿着良性的发展轨道运行；它的制定必须依据《中华人民共和国标准化法》进行；它是一种准则和依据，具有强制性，不可随意违背。所谓标准化，是在经济、技术、科学及管理等社会实践中，对重复性事物和概念，通过制定、发布和实施标准，达到统一，以获得最佳秩序和社会效益。标准化的原则（形式）有统一、简化、协调、最优化。

所谓档案工作标准，是指以档案工作领域中的重复性的事物和概念为对象而制定或修订的各种标准的总称，它是档案工作中有关单位和个人应当遵守的共同准则和依据。档案工作标准按性质可分为管理标准和技术标准；按实际法定效力分强制性标准和推荐性标准；按相关程度分正式标准和参照标准；按适用范围可分为国际标准、区域性标准、国家标准、专业或行业标准、企业标准等。其属性可以简单归纳为标准的制定与审核或批准等工作程序，都有专门的规定；标准都有固定的代号，格式整齐划一；档案工作标准是从事文件管理和档案管理的共同依据，在一定条件下具有法律效力，并具有一定的行为约束力；档案工作标准的时效性较强，它是以某个历史阶段的档案工作实践水平为基础的；标准内容具有相对专一性；标准依据其不同的种类和级别在不同的范围内贯彻执行，具有较强的可操作性。档案工作标准具有协调、简化、统一与优选等作用。

从微观角度上说，所谓档案工作标准化，就是通过制定标准和实施标准，对档案和档案管理实行统一、简化、协调和优选等有序化管理控制，以便获得最佳档案管理效益的活动，其形式包括简化、统一化、系列化、通用化、典型化、格式化。

我国档案工作标准建设取得了丰硕成果。据资料介绍，我国已公布一批档案工作标准，已有《科学技术档案案卷构成的一般要求》等9项国家标准，《建设项目竣工编制及档案整理规范》等40多项行业标准，正在制定和修改中的标准有41项。

（二）档案工作法制化建设

依法治国，以德治国，是党和国家确定的基本治国方略，作为党和国家事业重要组成部分的档案事业也必须坚持和切实贯彻。同时，进行法制化建设，依法治档，不仅是建设法治国家、法治事业的需要，而且也是积极推进档案管理工作和整个档案事业适应信息化时代要求、顺应电子环境下科学管理和利用档案信息资源的需要。

档案工作法律，简称档案法律。从狭义上讲，它是指由国家最高权力机关制定的档案事业规定性文件，包括全国人大和全国人大常委会制定的各种关于档案和档案工作的法律行为规范。在我国主要指《中华人民共和国档案法》，还包括诸如《中华人民共和国文物保护法》《中华人民共和国刑法》等其他由国家最高权力机关制定的其他法律中涉及档案和档案工作的法律条文。从广义上讲，档案法律是指国家制定的一切调整档案法律关系的法律规范的总和。不仅包括狭义上的法律，还包括有关的行政法规、地方性法规、部门行政规章等。

档案法律对于档案工作的健康、持续、稳定发展具有非常重要的意义。它是建设和发展档案事业的法律保障，它是进行我国档案法规体系建设的重要依据，它是保护我国的国家机关、社会组织及公民形成的或保存的具有国家和社会意义的档案财富的有力法律手段，它是促进我国馆藏档案信息资源开发和利用的有效工具，它还是加强我国档案行政工作的法律依据。

当前，我国的档案法制化建设取得了重大发展，获得了丰硕成果，基本建立起了适应我国国情和加入世贸组织背景要求的，以《档案法》为核心的档案法律体系，基本做到了档案事务的"有法可依，有法必依，执法必严，违法必究"。

第三节　我国档案信息化的发展

一、我国档案信息化发展的三个阶段

我国的档案信息化是随着国家信息化的发展而发展起来的，其过程大致分为萌芽起步、快速推进和系统发展三个阶段。

（一）萌芽起步阶段（20世纪70年代末—20世纪90年代初期）

档案信息化的起步以计算机技术的发展为基础。20世纪70年代末80年代初，随着计算机的引入，我国档案界开始尝试运用计算机管理档案。1979年起，国家档案局档案科学技术研究所，四川、辽宁、江西等省档案科学技术研究所，以及中央档案馆、中国人民解放军档案馆等个别大型档案馆陆续购置计算机设备，进行档案管理自动化课题的研究和实验，编制出一些简单的档案检索程序，初步积累了计算机辅助档案管理的一些经验，在此基础上培养了部分技术人员。

20世纪80年代初，绝大多数档案部门尚不具备配置计算机的条件。资料显示，至1985年底，全国总共只有20多个档案馆配置了当时而言比较先进的计算机设备，但开发并成功运行计算机档案管理系统的仅限于中央档案馆、中国第一历史档案馆、中国第二历史档案馆、中国人民解放军档案馆、中国照片档案馆等少数实力雄厚的国家级档案馆。这些实验性应用系统尝试使用数据库管理档案目录，多数只是建立一个简单的目录数据库，自行开发应用软件，档案系统的功能局限于用计算机来辅助档案编目与检索。

为适应计算机辅助档案检索的需要，档案界自20世纪80年代中期开始着力于制定档案著录标引的国家标准，陆续出台了一系列档案编目和机读档案目录制作方面的规范，主要有：国家标准《档案著录规则》（1985年制定，1999年重新修订，DA/T18-1999）；《中国档案分类法》（国家档案局1987年编制）；《中国档案主题词表》（国家档案局1988年编制，1995年修订再版）等。这些规范、标准的制定，为建立全国统一的档案目录检索体系奠定了基础，推动了我国档案机读目录数据库建设的发展。

1985年召开的全国档案工作会议对省级以上档案馆有计划地实施计算机档案检索提

出了"积极、稳妥、注重实效"的发展要求。此后，各地的档案目录数据库建设有了一定的起色，但受设备和人员不足的限制，数据量的积累速度较缓慢，每个单位每年的平均建库量不足 5 万条记录，只有少数单位达到年平均 10 万条记录以上，数据库容量有限，录入数据以案卷级为主，查询不方便，多数档案管理应用系统处于数据量不足的状态。此后，随着机读档案目录数量的增加，一批实用效果较明显的应用系统问世，许多档案馆在档案目录数据库建设方面取得了不小的成绩，如"地质矿产部资料馆已开始运用微机进行地质资料目录存储、检索、统计分析等工作。中国电影资料馆已将 4000 部影片目录输入计算机，可按片名、影片种类、影片题材和内容、影片获奖情况等进行分类检索"。计算机档案管理应用效果的逐步体现，极大地鼓舞了档案工作者的热情，使档案界对计算机档案管理的认识产生了质的飞跃。

随着计算机软硬件环境的进一步发展和档案界对档案管理自动化研究的深入，计算机辅助档案管理的范围开始从检索、统计向各个环节扩展，计算机档案管理系统由实验性系统向实用化系统转变。

20 世纪 90 年代初，我国档案管理现代化方面的标准进一步完善，1992—1995 年间颁布的数据交换国家标准、行业标准多达 11 件。在标准化基础上，个别专业软件公司开始介入档案管理软件的开发、推广，功能较全、通用性较强的商业性档案管理软件问世，计算机档案管理开始走向普及阶段。

（二）快速推进阶段（20 世纪 90 年代中期—21 世纪初）

20 世纪 90 年代初，国家实施经济信息化战略，"三金"工程的启动加快了整个社会的信息化进程，计算机应用成了普遍的工作方式。随着办公自动化（OA）、计算机辅助设计（CAD）、计算机辅助制造（CAM）的应用发展，电子文件的类型和数量迅速增加，对档案管理提出了严峻挑战，如何保证数字档案的原始性、真实性、完整性和可靠性，成为档案界面临的巨大挑战。

在此背景下，国家档案局于 1996 年成立了电子文件归档与电子档案管理研究领导小组，开展了对电子文件归档管理方法及标准的研究。1997 年以国家科委为首的有关部门对 CAD、CAM 中形成的各种电子文件的归档及其归档后形成的电子档案的管理进行研究，并列入"九五"攻关项目。在一系列研究和实践的基础上，1999 年国家档案局发布了行政规章《电子文件归档及电子档案管理方法》（国家标准报批稿），对公文类电子文件和电子档案的收集、整理、归档、保管、利用等做出了规定，同年发布了国家标准《CAD 电子文件光盘存储、归档与档案管理要求》（GB/T17678.1-1999），对 CAD 电子文件的光盘存储和保管进行规范。电子文件的大量问世，使电子文件的归档与管理成为档案信息化过程中关注的核心问题。

在计算机档案管理系统方面，随着技术支持的社会化，软件的通用性越来越强，档案管理软件市场不断丰富，档案管理软件系统一度多达千种。形形色色的档案管理软件质量参差不齐、规格功能不一，在提高计算机管理档案普及率的同时，也带来了数据交换和系统集成方面的困难。为此，国家档案局从1996年开始对国内计算机档案管理软件进行了测评和筛选，1997年公布了首批推荐软件，使通用档案管理软件的质量得到了保证，也为档案部门以较少的投入获得最佳应用效果提供了指导。技术的进步和市场竞争的作用，使档案管理软件系统不断升级，功能更加完善，从基于机读目录的编目、联机检索系统发展到基于外部存储的档案全文信息系统，从一般的档案管理到文档一体化管理，从封闭的单机系统到基于局域网的档案网络管理系统，档案管理软件的标准化和通用性程度不断提高。但总体上，这一阶段的管理档案系统仍以单机系统为主，档案数据库也以目录管理为主。

为进一步提高档案管理软件的标准化程度，确保档案数据的安全和有效利用，国家档案局、中央档案馆于2001年6月发布了《档案管理软件功能要求暂行规定》，对档案管理软件的开发研制和安装使用进行了严格规范。江苏、福建、天津等省、市对文档一体化管理系统中文件目录结构和数据交换格式提出了更为具体的技术规范。这一阶段档案目录数据库发展迅速，数量达到了相当大的规模，省级以上档案馆的数据条目总量开始以百万计，地、市综合档案馆的机读档案条目数量也开始接近百万，一些档案馆甚至完成了全部或大部分馆藏档案的案卷和文件级目录建库工作。2002年，青岛市档案馆档案目录数据库总量已达到550万条。随着新的《归档文件整理规则》的实行，机读案卷目录逐步淡出，机读文件目录和专题目录成为档案目录数据库的主要内容。

档案网站建设从无到有，快速发展是该阶段档案信息化建设的一个重要特征。资料显示，我国档案网站随着互联网的普及自20世纪90年代末逐步问世。1999年底，国内在互联网上可以查询到的档案网站仅12个，2001年7月发展至60多个，至2002年底则迅速增加到267个，这些网站分属不同省份，涉及国家、省、市和区四个级别的综合档案馆、大学档案馆、专门档案馆和企业档案馆，内容主要是档案法规、局馆介绍、档案目录信息和档案工作信息。

这一阶段，在信息化整体战略的推动下，国家和地方政府对档案信息化建设的投入有较大程度的增加，档案部门配置的信息化设备越来越多，档案信息化建设的相关法规也得到了进一步完善。除上述关于电子文件归档管理的标准、规范外，档案界还先后颁布了5部行业标准，同时档案从业人员的计算机应用能力迅速提高，档案信息化建设进入了快速发展时期。

（三）系统发展阶段（21世纪初至今）

进入21世纪后，信息网络技术的广泛应用，特别是电子政务的快速发展为档案信息化建设注入了新的活力，国家档案局开始正式部署并全力推进全国档案信息化工作。加强档案信息化建设成为"十五"期间档案事业的基本目标之一，在《全国档案事业发展"十五"计划》的九条工作任务中，第五条专门列举了档案信息化建设的五项内容：吸收、采纳、转化有关电子文件归档和电子档案管理的各类标准并制定相应的办法与标准，实现电子文件即时归档；加强对电子文件积累、著录、归档工作的监督、指导，保证有保存价值的电子文件齐全、完整、有效；探索档案馆电子档案接收、保管、利用的方法；组织力量研究解决电子文件归档管理技术方法、电子档案科学保管技术方法、电子档案远程利用技术方法、电子档案原始凭证作用等课题；加快现有档案的数字化进程，建设完善一批内部局域网，实现馆藏开放档案目录的网上查询和浏览服务等。

2002 年 11 月，国家档案局进一步发布了我国档案工作迄今为止唯一的一个专项规划《全国档案信息化建设实施纲要》（档发〔2002〕8 号）。《纲要》对"十五"期间档案信息化建设的指导思想、目标任务做了专门部署，具体明确了档案信息化建设的基本内容和建设要求，对全国档案信息化建设产生了积极、重大影响，成为我国档案信息化过程中里程碑式的文件。

2005 年 6 月，为提高档案信息资源开发利用工作水平，贯彻落实《关于加强信息资源开发利用工作的若干意见》的文件精神，国家档案局和国务院信息化工作办公室在上海联合举办了"中国档案信息化发展战略论坛"，邀请国内外专家就加强档案信息资源开发利用展开深入研讨，会议对档案信息化建设适应国家信息化发展战略的转型，进一步发挥档案信息资源的作用，建立档案信息化发展长效机制起到了积极的推动作用。

2005 年 12 月，在北京召开的全国档案局馆长会议审议通过了《档案事业发展"十一五"规划》，"国家数字档案建设与服务工程"（简称"金档工程"）作为"十一五"重大建设项目正式启动，其总体目标是：以 3127 个国家综合档案馆为建设对象，以分布式档案数据库建设为核心，重点建设涵盖全部馆藏档案的全国性、超大型、分布式、规范化、可共享的档案目录数据库纸质档案全文数据库和多媒体档案数据库；建立适应国家经济建设和社会发展需要的档案信息资源共享体系；建立适应各级党委政府电子政务建设需要的电子文件归档管理和电子档案接收管理系统。"国家数字档案建设与服务工程"的实施为各级档案部门的信息化建设确立了目标，提供了政策和资源上的支持。

这一阶段档案信息化建设成就斐然，主要表现在以下五点。

第一，档案信息化纳入信息化建设的总体框架之中，与电子政务建设紧密结合，成为国家信息化战略的重要组成部分，北京、辽宁、上海等许多省市档案局被列为地方信息化领导小组成员单位。

第二，档案信息化建设由局部走向整体，在宏观框架下进行全面规划和组织实施。国家档案局成立了全国档案信息化工作领导小组，出台了《全国档案信息化建设实施纲要》，各地也相继出台了本地区档案信息化建设方面的规划和规章，全国大多数省、自治区、直辖市档案局成立了由主要负责人任组长的档案信息化领导小组。

第三，一些重大档案信息化项目得到立项，如天津档案信息资源建设工程、上海市电子档案工程、浙江省数字档案馆建设工程、江苏省电子文件管理中心工程、安徽省档案信息化建设项目、福建省分布式档案基础数据库建设项目（一期、二期）、湖北省基于政务网的电子档案系统项目、四川省文件服务中心建设项目、青岛数字档案馆项目、大连数字档案馆项目、深圳数字档案馆项目、杭州市网上档案馆建设项目等，特别是"国家数字档案建设与服务工程"的立项实施，迅速扩展了档案信息化方面的投入规模，全面提升了档案信息化建设的水平。

第四，电子文件的归档管理得到更多的重视，一批有关电子文件管理的标准、规范相继出台。

第五，各级档案部门在档案机读目录数据库建设、馆藏档案数字化、档案网站建设、数字档案馆建设方面均取得了长足进展，档案网站总数逾千，档案信息化建设全面、有序、系统推进。

二、档案信息化建设的现状、问题及对策

我国档案信息化经过近三十年的探索发展，各个方面均取得了很大成绩。目前，信息基础设施发展迅速，档案网站数量猛增，数字档案资源日益丰富，档案服务功能不断提升，数字档案馆建设方兴未艾。

当然，我国档案信息化建设明显存在着资源配置不平衡、地区差距较大、规范标准滞后、人才缺口严重等问题。对此，国内许多学者都进行了探讨，发表了对策性的调研报告和论文，提出了各自的看法和建议，个别地方还就档案信息化建设的现状、问题与对策设立研究课题，进行了专项研究。为了跟踪档案信息化发展的客观形势，深入了解信息化建设中存在的问题，我们选择档案信息化建设较为先进的江苏省进行区域性的案例研究，在进行全面调研和系统数据分析的基础上，评估其发展现状与存在的问题，为全国档案信息化实践的发展提供参考。

（一）基础设施建设现状

1.信息处理设备配置情况

调研数据显示，苏南、苏中地区，市档案馆计算机配置率达到人手一台，专门负责信息化工作的部门（如信息技术科、计算机中心等）人均管理计算机两台以上，其他信息化设备如服务器、打印机、扫描仪、数码相机等的配置也较为齐全，能够满足现代化办公和数字档案管理的需要。苏南个别地区档案馆还添置了磁带机、磁盘阵列、光盘库等大容量存储设备。苏北地区档案馆的基础设施现状明显不如苏南和苏中，仅配置了一些基本设备，只能满足一般办公需要，无力承受档案数字化工程等，且设备的更新换代速度较慢。以徐州市档案馆为例，该馆档案信息化水平在江苏省曾经名列前茅，2000年计算机数量就达到"人均一台"的水平，但由于近几年信息化资金投入有限，设备淘汰后不能及时更新，计算机人均占有率从1降至0.77。

2.档案网络建设情况

在档案"三网"建设方面，馆内局域网建设的情况相对较好，江苏省地级市档案馆绝

大多数均已建立了局域网，形成了网络办公环境。在政务网建设方面，苏南地区档案馆积极参与到当地政务网建设之中，随着政务网的陆续开通，局域网顺利与之联结，并在政务网中发挥出档案馆参与电子文件管理的积极作用。如张家港市档案馆的电子文件中心联结政务网后，可对政务网上流转的各机关单位电子公文进行实时发布与归档，实现了档案馆对电子政务信息资源的有效管理。在苏北地区，由于政务网建设的滞后，各地档案馆尚无法与之联结。连云港等市政务网建设采取了向入网单位集资的方式，档案馆由于无力交纳入网费而被排斥在一期联网单位之外。在外网建设方面，由于 Internet 的迅速发展和普及，加上中国电信的各项优惠政策的出台，各地档案馆均能在馆内通过各种方式上网。

（二）基础设施建设存在的问题

1. 资金投入有限

信息处理设备和网络通信设施是档案信息化工作的物质基础，要实现数字环境中的信息保管与共享，必须配置高性能、高稳定性、大容量的服务器、计算机、扫描仪等设备，这些设备价格昂贵，投入巨大。作为文化事业单位的档案部门，财政预算是其主要经费来源，资金总量十分有限，经费不足成为制约基础设施建设的核心问题。

2. 设备配置不合理

一方面，资金不足影响了信息基础设施建设，特别是一些必需设备的配置；另一方面，在设施建设时，过度配置了一些不符合实际需要的设备。调研显示，一些档案信息化建设的决策者片面追求设备和设施的技术先进程度，一味采用最尖端的技术设备，盲目强调技术装备的一步到位，而忽视了技术的成熟程度和设备寿命的有限性，忽视了硬件设备与软件系统、基础设施与利用能力之间的匹配平衡，由此将有限的建设经费集中投入到低性价比的硬件设施上，设备在有效生命周期内利用率低下，从而造成巨大的资源浪费。

3. 设施的共享度低

对于每个档案机构而言，档案信息化的基础设施既包括机构自行配置、建设的软硬件设施，也包括可供本机构使用的外部设施条件，如公益性的或商用化的公共网络平台和共享技术设施等。目前，在各地档案信息化建设过程中，有限的投资通常集中在内部设施的构建和自有设备的购置上，忽略了对公共设施的充分利用和对硬件设施、设备的社会化共享。

（三）基础设施建设的若干建议

1. 多途径扩大建设资金

鉴于档案工作的事业性，财政预算仍然是档案信息化建设经费的主要来源。因此，要扩大建设资金投入，档案局、档案馆首先要力促政府加大档案事业一般经费的预算，力争将档案信息化建设项目列入地方政府或行业系统的专项建设经费，尤其是列入地方信息化或电子政务建设规划，以获得更多的资金支持。

购置信息化设备,必须有大量资金投入,政府财力终究有限。档案部门还必须开拓建设思路,转变投入机制,充分动员社会力量,利用一切可利用的资金,多元化地建设档案信息化工程。例如,档案部门可与基础电信部门合作,获得其网络资源方面的免费或优惠支持,与大型跨区域 IT 企业联合,利用其异地市场政策和市场开拓需要,获取其资金、技术和资源服务等。

2. 设施建设要立足整体规划

档案部门在建设档案信息化的基础设施时,必须整体考虑、系统规划、详细论证。每一个设备的购置、每一项设施的建设都要立足于档案信息化建设的总体规划。总体规划经过系统设计和科学论证,体现着档案信息化建设的目标、原则和方向,也左右着信息化建设的投入规模。从整体规划出发,确立基础设施建设的内容、要求,制定设备购置的方案,让有限资金得到最大限度的利用,避免重复投资或投资失误。

3. 设备购置要着力于当前需要

档案部门在购置信息设备时,一定要从信息化建设的实际需要出发,分清轻重缓急,在财力允许的范围内配置必备设备,上马必需项目,着力解决现实需求。而对于非急需的设备、设施,可以滞后到必需时再购置或建设。这是因为技术总是不断发展的,信息设备的性价比以每年倍增的速度提高,那些并不急于配置的设备、设施,在日后可以更低廉的代价、采用更先进的技术、以更简便的方式来实现。提前配置尚不急需的设备是一种巨大的资源浪费。

4. 技术装备切忌盲目求新、求高

档案部门必须根据财力状况配备适用的、高性价比的设施设备,而不要一味追求设备的先进、高档。表面上看,强调技术上的"高起点"可以延缓技术淘汰的时间,从而延长设施的效益周期,但最新技术的采用、高档设备的购置,意味着更大的投入。许多采用最新技术的装备价格是成熟产品价格的数倍,而其技术生命未必能延长多久。很多情况下,一些"前卫"的新技术却由于未经实践检验而昙花一现,能够成为未来主流技术的新技术终究是少数,多数由于不够成熟而过早"夭折"。因此,不惜代价地追求装备的技术先进和功能完备是档案信息化建设之大忌。当然,也不可贪图便宜购买低档次的或近乎淘汰的设备,这些设备极短的技术寿命所造成的浪费更大。

5. 充分考虑信息设备的效益周期

随着信息技术的飞速发展,信息设备迭代更新的速度越来越快。目前,计算机、数字存储设备、信息网络设备的技术寿命已远远小于其物理寿命。采用这些设备及相关技术构建的档案信息管理系统,技术寿命越来越短。资料显示,目前信息设备的有效技术寿命只有 3—5 年,超过这一年限后,将被淘汰或需要更新改造。因此,在投资档案信息化设施时,必须考虑其效益期限。如果信息设备在其有效生命周期内不能获得充分的"效益"回报,则不应投入,否则效益周期过后将面临设备升级或淘汰更新所需的二次投入,浪费将十分惊人。

6. 设施建设要以"软"定"硬"

有形的硬件设备因易于看到投资效果和展示建设成效而为人重视，尤其是受到热衷于形象工程者的青睐，"许多项目中高性能的信息技术设备占用了大部分资金"。事实上，硬件是为软件服务的，从技术上说，硬件环境只是软件运行的技术平台而已，软件才是系统的灵魂。信息系统设计的基本逻辑是：功能需求决定软件开发，软件体系决定硬件配置。先"硬"后"软"、以"硬"定"软"、重"硬"轻"软"违背了信息系统设计的基本规律，必然带来投资上的浪费。

7. 充分利用共享设施和公共设备

档案信息化是国家信息化的有机组成部分，因此可充分利用国家信息基础设施和信息化建设政策。例如，档案局、档案馆可借助"政府上网工程"提供的便利条件和优惠政策来建设档案网站，可充分利用地方的公共网络平台来构建广域档案资源网络，而不必另起炉灶，自建网络，造成重复投资。

8. 要重视旧设备的改造利用

要提高旧设备的利用率，档案馆在更新办公电脑或机房计算机时，若淘汰的旧机器还能进行一些简单的操作，如用于目录录入，则不要急于报废。通常，淘汰机器经适当维修、增配后可进一步发挥效用。对于经费不足的单位而言，充分利用旧机器，将有限的资金优先用于购置其他更急需的信息设备上，不失为克服设备缺乏的有效办法。

（四）档案信息资源建设现状

1. 档案目录数据库和目录中心建设状况

档案目录数据库建设是最早实施的档案信息化项目，一些档案馆自20世纪80年代就开始了该项工作。

在专题目录数据库建设方面各档案馆进程不一，多数根据地方特色及档案利用率建立了不同的专题目录库。但个别地区不是根据需要去设计、建立实用的专题目录库，而是采用从文件目录库中以关键字检索的方式来抽取"专题目录库"，这种"专题"小库没有实际价值。

2. 电子文件归档管理状况

电子文件的归档管理是数字档案信息的重要来源。调研发现，苏南地区电子文件归档管理已进入试点阶段。

大部分城市将电子文件归档管理工作与当地的电子政务工程结合在了一起。例如，苏州、宿迁等市的档案局（馆）积极参与当地政务网建设，在各单位 OA 系统的设计开发过程中提前将电子文件形成与管理方面的要求"植入"其中，在一定程度上实现了文档一体化管理，大大提高了工作效率。

3. 档案数字化状况

档案数字化包括传统纸质档案的数字化、照片档案的数字化、声像档案数字化和缩微档案数字化。由于纸质档案数量庞大，各地档案馆一般按照"重要、珍贵、利用率高"的原则挑选拟数字化的档案。批量档案数字化工作需要配置高速扫描仪、数码相机、缩微影像数字化设备等，这些设备价格昂贵，故多数档案馆为节省资金，将数字化工作外包给数据公司或专门的数字化机构来做。

由于彩色照片保存期限较短，黑白照片利用率不高，各地档案馆目前主要选择较重要的彩色照片进行数字化。声像档案和缩微档案利用率较低。

4. 全文、多媒体数据库建设状况

在档案目录数据库建设和档案全文数字化工作的基础上，个别档案馆建立了内容范围有限的全文数据库和多媒体数据库。

（五）档案信息资源建设存在的问题

1. 存在一定的盲目性

档案信息资源建设耗时费力，总体投入很大。统计显示，每条档案机读目录的制作成本约 0.2 元，A4 幅面纸质档案的扫描加工成本超过 0.2 元。然而，个别档案部门为了"装门面""树形象"，片面追求数字档案资源的数量，对拟数字化的档案不加选择，不做分析，结果不仅浪费宝贵的人力、物力，而且大量无价值或低价值的档案数据额外占用了宝贵的存储空间，加大了基础设施建设方面的负担。

2. 利用落后于建设

调查发现，档案信息资源建设存在"形式化""表层化"现象，许多人将档案信息资源建设的内容看成是目录录入、数字化扫描等由传统档案形态向数字档案形态的形式转变，而忽视了数字档案资源利用环境的构建。这种重"建"轻"用"或只"建"不"用"的做法，使数字化档案资源成为一道摆设，数字档案资源的利用率很低，档案信息资源建设的实际效果无法充分体现。

3. 存在"信息孤岛"现象

信息化初期，各地档案馆在进行档案信息资源开发时使用的档案管理软件及其数据库结构不尽相同，虽然 2002 年江苏省档案局发布了《文书档案文件级目录数据库结构与数据交换格式》标准，对档案部门使用的数据库结构进行了规范，但此前大部分档案馆已完成了相当部分的数字档案资源建设工作，造成了已数字化的纸质档案和数字音频、视频档案在文件格式和技术规范上的不统一。

这种"信息孤岛"现象不仅限制了大量已开发数字档案资源的共享范围，降低了档案资源利用的效率和质量，而且大大增加了档案信息资源建设和维护的成本。

4. 存在安全隐患

档案数字化要对档案原件进行扫描、录音或摄录，需要将原件拆卷、加工或进行其他必要的处理。由于档案较为珍贵，许多陈年档案载体比较脆弱，因而拆卷、加工，尤其是快速扫描对档案原件存在很大的安全威胁。目前，档案部门的纸质档案数字化工作大部分委托外部信息公司来承担。然而，这些外部公司的安全意识相对薄弱，为提高加工速度而损伤档案原件的事件屡见不鲜。

数字化是对档案信息存在形式的变换，这种变化犹如对档案原件进行"复制"一样，存在着数字化后档案信息失真的风险。在实际操作过程中，常由于主观上的疏忽而造成数字化档案内容的失真。此外，数字化过程的参与人员比较杂乱，由于管理制度不严而导致涉密档案内容泄密的事件时有发生。

（六）档案信息资源建设的若干建议

1. 以利用需求为导向

档案信息资源开发的最终目的是提供档案信息为社会服务。因此，资源建设必须立足于社会需求。档案部门应对每个资源开发项目的现实意义、用户需求、使用模式、投入规模、建设周期、馆藏基础、开发环境、技术规范等进行深入调研。在此基础上，充分论证其必要性和可行性，制定出具体规划与质量要求。例如，档案文件目录数据库的功能是信息检索，作为导出馆藏档案信息的必要手段，其建设要求应当是"准确、全面和规范"；而档案全文库的建立旨在充分利用网络环境来实现档案资源更大范围的共享和更高效率的利用，作为传统利用方式的辅助手段，其建设必须注重实效，从需求出发优选利用频率高、范围广、影响力大的档案进行数字化，以提高投资效益，避免不必要的浪费。

获取利用需求信息的方法有很多种，如通过发放档案利用需求调查表、网站在线调查等获得来馆查档或在线浏览用户的详细数据，综合分析这些调查指数后得出各类档案利用率排名表，据此为档案信息资源建设提供依据。

2. 立足馆藏，注重特色

档案信息资源建设要立足馆藏优势，着力建立具有本馆特色的档案资源数据库，积极开展专题信息服务。重要特色档案代表档案馆的馆藏质量和工作成就，反映档案馆的馆藏宗旨和风格，对于提高档案馆的声誉和地位具有重要意义。

数字档案资源的利用具有网络共享的特点，即网中任一节点提供的档案信息可以方便地为整个网络用户所共享。因此，各档案部门在建设档案资源时走特色化道路，可以避免档案资源建设上的重复劳动，提高档案信息资源建设的效率。

3. 以电子文件归档与管理为重点

档案信息资源开发的重心应从档案数字化转移到电子文件归档管理上。原因有如下几点。第一，目前，档案数字化的技术标准尚不完善，尤其是音频、视频档案的数字化，国家尚未出台任何规范，在此情况下全面铺展档案数字化工作，存在着文件格式和技术参数不规范的风险,有可能影响到今后数字档案资源的整合与共享,以前的目录数据库建设就曾走过这样的弯路。第二,档案数字化是非数字化档案向数字环境的迁移,解决的是"存量"问题,而电子文件的归档管理解决的是源源不断的"增量"问题。显然,"增量"问题处理不好,会使"存量"不断增加,历史包袱越背越重。反之,从源头着手,则能起到事半功倍的效果。第三,以电子文件归档管理为重点,尽早实现数字环境下文件档案的一体化,有助于档案管理与电子政务的融合,抓住电子政务大发展的契机,推进档案信息化进程。

因此,档案部门要加快制定、实施电子文件归档管理制度,建立相应的管理机制,做好电子文件归档管理的前期准备工作,尽快将电子文件归档管理的标准、要求嵌入电子政务系统和各单位的 OA 系统中去,在开发建设数字档案管理系统时,充分考虑接收、存储海量电子文件的功能。

4. 与电子政务信息资源合作共建

电子政务信息资源建设与档案信息资源建设在内容上的重合性(经过鉴定具有保存价值的政务信息将会转化为档案信息)使两者合作共建成为可能。两者可在电子公文、政务文件数字化和资源数据库建设的标准、格式、内容等方面进行广泛合作,以此来节约人力、财力和物力资源,避免重复建设。电子政务信息资源与档案信息资源合作共建的实质是"将政府的技术、资金优势与档案部门的信息整理、管理优势充分地结合起来,依托电子政务系统与数字档案馆,建立起一个综合性的信息资源联合开发管理体系,实施共同的信息资源开发与利用工作,从而有效地完成一系列的大型基础信息资源数据库建设"。电子政务信息资源与档案信息资源的合作开发,不仅有利于两类信息资源的整合和高效利用,而且有利于电子政务信息与档案信息之间的有序流动和转化,形成了一个集成、高效的信息管理系统。

5. 及时制定标准规范,有效整合档案信息资源

为改变档案部门在信息资源开发时各自为政缺乏沟通的局面,档案行政主管部门要加快档案信息资源建设相关标准、规范的出台,制定行业内与跨行业的信息资源标准体系,保障档案信息资源建设能在统一的标准规范之下进行,为资源共享奠定基础。同时要从档案信息化乃至国家信息化建设的全局出发,制定统一规划,加强业务指导,有计划、有重点地开展信息资源建设,打破条块分割,防止重复建设,并通过各种技术手段(如 VPN 虚拟网等)有序整合地域分布的档案信息资源,逐步扩大档案机读目录数据库和档案全文数据库的集成范围,充分发挥资源建设的整体优势与整合效益,实现资源的互联互通、信息共享。

6. 加强权益意识和安全意识

在档案数字化和档案数据库汇编过程中,可能涉及著作权益问题,因此,档案信息资源开发过程中要提高对著作权、公布权、发表权、网络传播权、公民隐私权等权利的维权意识,加强对著作权的保护,厘清数字化档案的著作权状态,合理有效地获得相关档案资

源开发、利用的著作权益。

　　档案信息资源建设面临很大的安全风险，首先，要重视档案内容、载体的安全，对于重要历史档案和具有保密性的档案，在数字化处理时要严格控制操作人员的资格和操作权限，规范操作程序，记录操作过程；其次，要保障操作系统和数据库系统的安全，使用安全级别较高的操作系统，并对档案数据库进行定期备份或异地备份，维护数据库事务日志，实行严格的用户身份鉴别、访问控制等安全措施，避免由于系统故障或人为破坏而造成档案信息资源的丢失或失真；最后，要不断进行信息的保密、安全教育，制定切实可行的保密制度和管理制度，提高档案人员的档案保密意识与安全意识。

第二章　档案信息化的实施方法与策略

第一节　档案信息化的实施原则与方法

　　档案信息化就是指档案部门运用现代信息技术，加强档案信息资源的收集、整理、开发和利用。其基本内涵包括档案信息利用的网络化、存储的数字化和档案信息管理的标准化。档案信息化建设就是建立档案的信息管理系统，积累、管理和利用数字档案的变革过程，是提升档案管理、流程重组的变新过程，是一个转变观念、创新思维、大胆变革的革新过程。其战略目标就是将科学的、系统的、先进的管理理念运用到档案管理的实践中去，以实现标准化收档、自动化归档、规范化管档、网络化用档，最终达到为社会、为公众提供专业化、个性化和深层次信息服务的目的。

　　实施就是将档案信息化战略、档案信息化规划、档案管理信息系统落实到档案工作中去，用现代化的管理理念、方法和技术来管理档案信息资源，使档案工作者能够利用现代化的管理手段实现对档案的收集、管理和利用，并为社会和公众提供信息服务。应用就是在档案工作中建立和充分发挥档案管理信息系统和软硬件的支撑平台的作用，使现代信息技术真正服务于档案业务，使档案信息资源通过计算机、网络为社会所利用。

　　档案信息化是一个系统的工程，信息技术的应用和网络平台的搭建是手段，数字档案资源的积累和管理是核心，档案信息的开发和利用是目的。档案信息化建设的重要内容就是建立一个标准的、功能强大的、安全稳定的、可拓展的档案管理信息系统，在档案工作中广泛应用。

　　实施与应用档案管理信息系统有三个要素：方法要科学、手段要先进、实施要得当。只有当领导和档案工作者都充分理解和认识档案信息化和档案管理信息系统的必要性、重要性和有效性，且期待通过信息化来获得更大效益时，档案管理信息系统的实施与应用才能实现。

一、实施的原则

　　在档案信息系统实施过程中，应在遵循信息化建设总体原则的基础上，采取有效的技术性原则以推动系统实施的成功。下面介绍的几项原则都是非常有效的基本原则。

（一）务实导向，重视实效

系统的实施以安全、稳定、实用、方便、易操作为主要目标，过分追求大而全、先进的软件产品，是一种不务实的做法。这主要是由于需求不一样，行业有差别，同时信息技术、软件产品的更新换代非常快，市场上会不断有新产品出现。

（二）软硬件资源共同建设

系统的实施过程中不仅需要重视硬件平台的建设、设备的购买，更要注重在人力资源和软件系统方面的投资。IT人才、档案工作者是信息化建设的核心力量。软件系统的技术含量、现代化的管理理念更应该重视，只有硬件设施平台是无法开展信息化管理工作的，软件系统是硬件系统发挥作用的心脏，因此软件系统的开发及其升级的投资十分重要。

（三）从实际出发，重视需求

信息系统的实施需要从当前的业务需要出发，提前做好需求分析，并在一定阶段的实施过程中，锁定相对需求来开展实施工作。边研发、边实施、边改变需求的做法只能得到事倍功半的效果。而对于变化较大、新增加的需求，需要放在下一阶段进行。

（四）重视维护，升级换代

随着信息系统的不断应用，档案管理信息系统也在迅速发展，而其中的难度也在逐渐增加，软件系统的安全、客户化定制等工作量比较大，也比较复杂，非专业人员很难做到专业维护。另外，随着应用的不断深入，需要加强软件系统的拓展。因此，购买软件系统的同时，需要购买相应的实施、维护服务，以有效开展工作，支持系统拓展和业务的发展。

二、实施的方法

档案信息化系统建设有两种不同的策略和实施方法，即以组织战略为导向的战略推动型和以实际业务需要为导向的需求驱动型。

（一）战略推动型

战略推动型的实施方法采取的是从整体到局部的实施路线，强调首先在观念、目标和方向的认识达成共识的基础上，逐步将工作分阶段实施，分阶段完成。采用战略驱动型的方法实施的前提是，整体的目标和规划不仅要从全局出发，而且更需要符合档案管理机构的实际需求，既要注重发展的前瞻性，又要注重当前的实用性。一般来说，对实施战略管理的人员要求较高，既要有行业发展的规划能力，又要有信息化体系的架构能力，需要懂管理、懂业务、懂技术的专业档案管理的复合型人才。

（二）需要驱动型

需要驱动型采取的是从局部到整体的实施路线。这种实施方法强调以当前业务需求为主,首先在观念、目标、方向和认识等方面达成共识的基础上,逐步将工作分阶段实现,分步骤完成。采取战略驱动实施方法成功的前提是战略、规划的制定,不仅要从全局的高度出发,而且更要符合档案管理过程的实际需要,既要有前瞻性、发展性,又要注重当前的使用性;要求制定战略的人员既要有行业发展的能力,又要有对信息化驾驭的能力。需要懂业务、懂管理、懂技术,在档案管理和信息化建设中有丰富经验的复合型的人才。

真正意义上的"战略驱动"实施方法并不是不允许在实施过程中坚持"永恒不变"的策略,而是根据实际需要和业务变动的需求进行机制的调整和完善,因战略与规划一旦制定,落实的过程往往需要很长的时间,而信息技术在发展,档案业务在改进,管理模式也在变革。因此,实施的过程中必须根据需求的变化而有所变革。

目前,我国档案信息化建设正在走向标准化和规范化,"战略推动""需求驱动""总体规划""分步实施"成为主流实施策略。各档案管理机构应紧密结合全国档案信息化的发展战略,将档案信息化纳入本单位信息化的全局,制定适合本单位业务发展要求的信息化规划和信息系统的实施方案,并在实施和应用的过程中,将以务实为导向的自我调整的策略贯穿于信息化建设的始终。

三、实施的策略

档案信息化建设的目的是档案信息的管理和利用。管理成功与否是信息化成功与否的关键,技术只是为推动现代管理的发展而存在。事实上,信息化源于现代管理的需求,因此,信息化的效能来源于信息技术与管理、与业务的有机融合和互动发展。所以,更新观念、与时俱进,从档案信息管理的角度应用信息技术是信息化建设的重要手段。

(一)提高认识、需求驱动策略

管理信息系统是实现现代档案管理的一个重要工具和手段,它能给档案管理工作带来多少效益,一方面,取决于所选择的管理信息系统是否适合本单位的实际情况并具有先进性;另一方面,取决于档案管理人员采取什么样的理念来应用它。更重要的是应充分认识到网络、计算机及档案管理信息系统本身并不是万能的,它需要人们在充分认识的基础上,按照需求驱动策略结合实际工作为它的功能进行准确定位,然后才能更正确地使用它,才能真正发挥计算机的作用。

(二)总体规划、分步实施的策略

档案管理信息系统是档案管理信息化的基础,它的应用与实施都必须围绕信息化建设的总体战略规划来进行,因此,必须遵守整体规划、分步实施的策略。在实施的过程中,要有选择地挑选基础工作做得比较好的部门来进行重点建设,并将其成功的经验加以推广。

首先,必须强调分步实施一定要从总体规划出发。信息化规划的目的是为信息化实施提供指南，那么规划与实施之间应是规划先行，实施紧跟其后。在选用应用软件时，就应该从整体的需要出发，避免脱离目标而陷入实际困境；应该从业务变革出发而不是从技术变革出发，以有利于充分利用组织的现有资源来满足关键需求。不坚持这两项原则就很难实现信息资源的综合利用，也无法适应不断变化的社会需求。另外，总体规划必须科学、务实，对分步实施才能有指导作用。因此，信息化整体规划必须在设计上提供一个高度集成的、统一的、满足信息化管理整体需要的弹性应用框架，才能使分步实施有的放矢。其次，要讲究实施的策略。总体来说，长远规划、重点突破、快速推广是一种有效的策略。应该选择那些需求迫切、能较快实现业务流程整合和现阶段信息化应用较好的领域加以突破。在阶段实施步骤上，由于数据库的建设是一项艰苦的长期工作，不能马上见效，所以可以先抓网站的形象建设，以引起领导重视，增加投入。最后，要注意分步实施的系统之间的衔接问题。时间上的分阶段实施要注意前后系统的衔接问题，空间上的分阶段实施则要注意不同单位和部门之间所开发系统的标准化问题。

（三）转变观念、与时俱进的策略

社会信息化建设的不断发展，使人们对信息化建设的认识也在不断深入，人们只有转变陈旧的管理理念，不断加强自身的综合素养才能跟上时代的发展步伐，这就要求档案管理部门的领导能正确认识到信息化建设的社会效益，同时多给档案管理人员提供学习机会，让更多的人认识到档案信息化的重要性，确保在实施和应用档案信息化系统时做到：领导对档案信息化建设和管理信息系统的应用有足够的理解和指导能力，业务部门的领导能够制定规划并组织实施，档案工作人员能够配合。

（四）抓住机遇、勇于探索的策略

档案信息化建设的顺利开展必须在基本条件具备的情况下才能进行，因此，抓住合适的机会进行信息化建设和网络化应用是非常重要的。特别是对于那些正处于采用什么样的方案、选择什么样的软件系统入门的初级用户就更加重要。网络化应用首先是需求驱动的，并且是在档案业务管理比较规范、人员素质较高、业务流程清晰、标准规范严格、基础数据准备充分、网络及设备资源基本具备的情况下才能开展起来。因此，无论是正在开展信息化建设还是正准备开展信息化建设的档案部门，都应抓住时机积极开展，才能取得良好的效果。

看一个单位开展信息化建设的时机是否成熟，主要看它周围的环境因素是否成熟，即人、财、物等方面是否具备，而具体需要什么样的条件取决于系统实施的内容、范围、应用规模及当前业务的规范程度等。特别是建立网络化的信息系统，涉及的人员比较多，系统的功能相对比较复杂，需要购买和配置数据库的服务器以及文件服务器等。实施的过程也比较复杂，需要根据实际情况来确定资金、人员、设备、网络资源是否具备条件，同时还要考虑本单位当前业务需要和未来的发展需要。因此，制定总体规划是十分必要的。这样可以确定近期和远期的发展目标、系统功能、工作计划、实施的范围、工作的内容、搭建软硬件的环境及管理人员的培训费用，进行风险分析，来确定开展工作的策略和方法。

（五）实行安全的保障体系和专业化服务的策略

在社会信息化的今天，档案信息化建设势在必行，但采用什么样的措施才能保障档案信息在为社会提供服务的同时，保证信息的安全性呢？这里的安全性是指信息不被篡改，不流失。从讲"互联的程度"到与"因特网隔离"等信息安全策略应根据档案的密级、保管方式、加工处理及其存储方式等采取恰当的措施。一方面，为了保证安全采取"一刀切的孤岛式管理"的极端的、片面的安全管理策略是不可取的。特别是在数字化和网络化推广应用后，档案信息管理和维护工作量比较大，数字化加工的工作量更大，一些单位采取自己加工的方式，结果耗费了大量的人力、物力和财力，而且工期拖得很长，最终是得不偿失的。另一方面，是系统的维护问题，包括网络、硬件、操作系统及应用系统都需要专业技术人员进行统一管理和及时维护才能保障资源的安全性。针对这种情况，市场上出现了专业的数字化加工、信息化应用服务的新技术公司，对于一些有条件的、信息化工作量大的单位，在制定严密的安全措施和签订保密协议的基础上，委托第三方开展专业化技术服务是当前行之有效的解决办法。

（六）领导主抓的策略

档案信息化的实施与档案管理信息系统的应用几乎涉及本单位所有工作人员，其中最难的是人的协调，而信息技术部门与业务档案部门之间能够解决的是业务上的沟通、系统上的理解和业务上的操作，但担任不同的职位、承担不同任务的人员从不同角度上对信息化的认识和系统应用是很难达到完全一致的。因此，工作上的不足、思想上的抵触、认识上的缺陷、观念上的差异等将会造成工作无法进行下去，而这些问题特别是人、资金及重要资源等问题，只有拥有权力的"一把手"管理层，真正"融入"档案信息化的建设过程中，才能有效地解决。许多成功的案例也证明了这一点，只有坚持"一把手"工程，坚持管理层的参与和控制，才能将人力资源管理落实到位，才能将协调的难度降低，使 IT 资源达到最佳配置，信息技术才能真正发挥作用，应用系统才能得到深层的应用和广泛的普及。

第二节　档案信息化策略的实施措施

一、需要型措施

档案信息化是社会信息化的重要组成部分，因此它与其他信息化的建设部门有许多相同的地方，为了在信息化的过程中少走弯路，减少失误，我们必须汲取成功者的经验，对自己所选用的档案管理系统有比较深刻的认识，并对本单位的实际需要进行个性化的处理，这是一项行之有效的实施方法，但绝不是直接的照抄照搬。被选用的方案是在充分了解本单位情况的基础上，再借鉴其他单位成功与失败的经验教训，选择适合自己的管理系统来开展本单位的信息化建设，坚决反对照抄照搬的拿来主义，或者过分强调自己的个性习惯又不符合标准，这两种做法都是脱离了实际需要的错误做法，都是不现实的、不可取的。

二、有效化的措施

在档案信息化的实施方法上，要结合本单位的实际情况，比如人才队伍状况以及目前档案工作开展的实际情况，切不可随意倾向任何一种实施方法。在选择实施策略上应根据本单位的技术力量状况，如果本单位的技术力量比较薄弱，就选择现成的软件系统或者对外承包的实施办法，充分利用外在的专业化的资源，不仅能够在短时间内实现快速实施与应用，还可以降低实施的成本。如果本单位的技术力量较强，建议采取自主与外包相结合的实施方法。对于专业性强、功能复杂、开发周期长的系统，可以采取外包的形式，降低实施成本，提高实施效率，在开发的过程中本单位可以派人参与软件的开发和项目跟踪，了解设计的细节，为交付使用后系统的更新和维护打下良好的基础；对于专业性不强、设计的流程较为简单、开发周期短的系统采取自主开发的方式，这样不仅节约了购买软件的经费，而且在开发的同时培养了自己的技术人才，加强了本单位的技术队伍力量，无形中也培养了本单位的业务骨干。

三、过程化措施

（一）加强宣传过程

使大家充分认识到信息化策略实施是国家信息化策略的重要组成部分，使他们充分认识信息化的目的和意义，认识到管理的规范化给社会带来的良好的经济效益，认识到落实信息化策略的实施工作不仅是当前形势发展的需要，同时也是档案信息化建设的需要。

（二）加强培训的过程

加强对工作人员的业务培训，比如计算机技术的培训、档案管理软件的使用培训以及安全技术防范措施的培训。

（三）规划制定过程

根据业务需求进行咨询和总体规划，其中包括信息的安全、资源的需求、系统功能等，可以了解同行业的实施情况，或通过咨询公司规划，然后再有针对性地开展工作。

（四）购买软件的过程

在充分调研的基础上，结合本单位的实际情况，选择那些售后服务信誉比较好的大公司以及比较有发展前途的、扩展性好的硬件和软件系统。

（五）选择示范，以点带面

根据工作的实际需要，选择那些比较重要的部门实施，先树立一个典型，然后以点带面，全面突破。在成功示范应用的基础上，根据馆内业务的发展需要，逐步把信息化建设扩展到整个单位的每一个部门。

四、安全保障措施

档案信息化的基础是建立在网络软件和信息管理系统的基础上的，但这些也正是引发安全问题的隐患所在。造成黑客攻击、病毒蔓延、信息窃取的问题在于安全架构不科学、制度不健全、管理不规范、措施不到位，这其中既有客观因素也有主观因素，其中最主要的原因是信息化建设之初，安全意识薄弱，技术方案不成熟，系统的安全保护性能较差。要想在今后信息化的道路上走得更远，我们必须提高安全防范意识，强调在实施信息化的过程中全面设计和考虑安全问题，在管理过程中制定并落实安全方案，加强信息过程的安全管理，对一些机密的档案落实责任到人，并加强安全措施的技术监控，只有提高了安全意识，加强了安全管理的技术保障，才能最终保障计算机网络和信息系统的安全。

五、应用型措施

档案信息化建设是为了更好地利用信息资源，在实行过程中容易出现信息化的建设与档案业务的管理脱节的现象，把信息化与业务管理分割开来，这种现象的出现主要有两种情况：一种情况是信息化的宣传归宣传，业务部门根本没有执行，仍然按照原来的工作方法和思路开展工作，只是把档案信息的目录录入系统，档案管理者根本不关心管理信息系统运行的情况，最多是利用查询模块查询一下档案信息。另外一种情况是对于购买的信息软件只使用很少的一部分功能，比如基础信息和查询模块等，对于信息的整个流程化的管理过程不了解；还有一些单位信息化的热情很高，舍得花钱购买贵重的应用软件，而实际应用的部分很少，在操作时仅限于目录数据的录入，并将此部分数据导入系统，以此来满足数据上网数量检查的要求，而档案信息系统中大量的功能如流程化管理、全文管理和全文检索都没有使用，运行几年后还要面临系统的更新换代，造成了投资上的浪费和信息资源的严重流失。造成这种情况的原因是没有从本质上真正理解信息化的含义，也没有将业务管理与信息系统真正地融会贯通，而是隔离开来甚至是对立起来。其结果造成人力物力的极大浪费，不但没有感受到信息化带来的方便快捷，反而把人变成了档案的奴隶，无形中加重了管理人员的负担，在一定程度上挫伤了档案人员信息化建设的积极性，为信息化建设造成了负面影响。因此如何应用好才是信息化建设的关键。

六、落实型策略

档案信息系统的实施与应用过程中最易出现将信息化与业务管理分离开来，认为是两件事情，出现一些极端现象。一种是业务部门依旧按照原来的方式开展工作，雇用临时人员来录入数据，档案管理者几乎不关心管理信息系统运行的任何情况，顶多使用查询模块查一下档案的信息。另一种现象是，业务部门的工作人员仅仅使用很少的一部分功能，如基础信息的录入和查询模块，对于管理信息系统中流程化的管理思想全然不理解；还有些单位花费巨资购买功能强大的信息管理系统，实际操作时仅习惯使用 Excel 简单的桌面系统，只将已录入的数据导入系统中，满足所谓的数据上网条数检查的需求。

七、兼顾型措施

科学技术的发展使人们越来越考虑人的因素，即"以人为本"的理念越来越受到软件开发商的重视。随着人们需求的多样化，一些个性化的产品、个性化的界面、个性化的业务流程和功能模块充斥整个市场，这就与档案信息化管理标准的规范化相矛盾。因此，如何认识和处理个性化和标准化之间的关系也是档案管理信息系统实施过程中的一大难题。想解决这个矛盾，必须在实施的过程中找到一个既能满足个性化要求，又能满足档案管理规范化的平衡点，促进档案业务与信息技术的融会贯通。而选择平衡点的前提是，档案部门应制定适应时代变化的标准和规范，档案工作者也应严格遵守行业规范以开展业务管理工作。个性化则是在标准规范的基础上根据管理需要进行扩充，个人习惯如果与标准背离应彻底改变。因此，在信息化过程中，要正确处理好标准化与规范化的关系、安全与应用之间的关系，当个性化与标准发生冲突时应首先考虑标准化的原则，即个性化适应总体化的原则，只有这样才能解决好个性化与标准化的关系，保证信息化建设的顺利进行。

第三节 档案信息化实施的途径与过程

一、档案信息化的实施途径

（一）整体引进模式

这种模式是选择具有丰富经验、信誉度比较好的开发商，由其提供或统一购置档案管理商品化的软件及其硬件设备，由专业化的实施队伍负责项目的完整实施。好的软件一般是由具有丰富经验的管理专家和高级专业计算机技术人员共同开发的，软件本身蕴含了许多先进的管理思想和手段，能够为档案室提供各种功能的模块，这些软件模块为档案流程的优化与重组提供了可借鉴的参考模型，能够在较高层次上提升档案管理的水平，而且软件已经拥有相当多的用户，经过实践的考验一般都比较成熟与稳定，质量和售后的维护比较有保证，又有利于档案信息系统的更新。但商品软件追求通用化，其功能无论在方位上或是在深度上常常只能满足档案管理部门的部分需求，系统的实用性不强，更难以形成特色。在具体实施过程中，单纯依靠软件提供商可能出现用户过分按照软件提供的立项模式行事，而忽视档案管理的具体实际需要，或软件提供商过分依从用户的所谓特色，造成软件的先进性、通用性消失。另外，这种模式由于没有源程序代码，给系统的后期维护和二次开发造成一定的困难。

（二）自主开发模式

采取自主研发模式的单位一般是本单位的技术力量较强，具备较强的软件开发实力，这种研发的模式一般是单位自己根据档案业务管理的需求进行定制开发，并随着业务的不断开展，对系统不断进行完善和改进。此模式适合业务比较特殊和有特殊需要的档案部门。这种研发模式的优点是能够充分考虑本单位的业务工作需要，针对性强，系统实施相对比较容易，可以考虑到本单位使用细节问题，其风险较小，可以培养自己的研发队伍，对于今后的系统维护和更新都能及时到位。缺点是由于大多数档案管理队伍的人员结构不合理，往往是业务人员多，技术人员少，尤其是高级系统开发人员更少，而技术人员不仅要开发系统，还要跟踪现代信息技术的发展，进行系统维护，考虑系统的安全备份等问题，并且自主研发的工作量较大，开发的周期较长，相对成本比较高，并且自主开发人员不是专门的研发公司人员，在系统开发过程中，与社会上的先进软件相比具有一定的局限性。

（三）对外承包的开发模式

采取这种研发模式的单位一般是资金比较雄厚的单位。采取的方法是购买社会上开发好的现成软件，或者选择一家软件公司，按档案业务实际需求定制开发，也就是说把档案信息系统的开发工作对外承包出去。这种模式对于档案部门的工作人员要求不高，在数据的备份和系统的维护方面主要是聘用专业的技术人员来做，或是委托给专业的公司。

这种方案适用于业务比较简单的档案馆（室），它的优点是充分利用了外部专业IT公司的力量，开发的时间较短，降低了开发的成本；缺点是不注重培养自己的研发队伍，研发单位的人员不熟悉档案业务，开发系统的实用性较差，而档案机构人员对信息技术的认识不充分，很难提出比较好的建议，难以对开发单位的设计进行准确的评价，往往是到使用的过程中才有较为准确的需求，给实施完成后的正常的运行带来困难，同时也浪费了资金。为了解决好开发与使用之间的矛盾，档案部门在选择开发机构时应选择开展档案信息化解决方案的专业开发商，注重考察该公司的咨询和售后开发能力，要求他们不仅有咨询能力，还要有一定的培训能力，促进档案管理人员尽快理解和掌握系统的管理思想和应用模式，还需要提供长久的系统更新能力和良好的售后服务能力。

（四）外包与自主开发相结合的模式

这种模式也称为混合型模式，即信息化的项目在档案机构立项，委托第三方公司在其商品化软件的基础上，针对本单位的档案业务现状和业务发展需要进行客户化的定制和开发。采用此类模式的档案部门一般来说是基础条件较好的，相对来说资金比较充足，这种模式也是目前档案管理采用较多的一种方式。这种模式的优势在于由开发商解决技术难点，对开发过程进行科学安排和严格控制，这样既解决了档案机构开发队伍经验少、技术力量薄弱的问题，又为档案部门培养了懂业务、懂技术、懂管理的复合型人才。同时，档案管理机构还可以拥有信息系统的知识产权，更重要的是软件的开发切合用户的实际要求，系统未来的运行和维护也有保障。目前，规模较大的一些综合档案管理机构大多采用此种模式，使用的事实证明，这种混合型的实施模式还是比较理想的。

二、档案信息化实施的过程

实施过程是在国家信息化政策的总体规划下，按照信息化建设的整体要求，确定档案信息化建设的战略目标、总体规划，在人员、技术、资金、环境等各类资源已经具备的情况下，开展档案信息化建设与档案信息管理系统的应用。

（一）正确理解国家信息化战略与档案信息化之间的关系

要正确理解国家信息化战略与档案信息化建设的关系。国家档案信息化战略是档案信息化目标、远景以及职能的拓展、业务流程的转变的完整融合，它描述了档案信息化的目标与方向、信息体系结构、技术路线、操作方法、信息化过程的内部操作标准、软件系统的评估方法和考核的指标体系等众多"软性"的规划和策略。

要正确理解档案信息化规划与信息系统规划之间的关系。信息化工作实际上是信息化战略的执行过程，它所研究的内容与信息化的战略有非常大的相关性，是在战略体系下的具体软硬件系统设计过程，是在信息化战略的指导下，分解总体目标，针对不同的业务内容、工作流程提出功能模式，做出系统建设的成本预算，制定系统的实施计划，确定系统的组织、管理、选型方案、评估标准和过程控制方法。

总之，系统实施是信息化建设的重要内容，是完成系统建设并投入使用的关键业务过程。其成功实施标志着信息化战略与规划决策的正确性，也标志着信息化进入实质性的运行阶段。

（二）从思想上充分认识档案信息化建设的艰巨性和复杂性

档案信息化建设是一项历时较长、涉及面广、内容复杂的系统工程，而档案管理信息系统的实施与应用，是以档案业务为核心，以计算机技术、网络技术、信息技术为手段，以现代管理为指导，以提高档案的利用率和利用价值为宗旨而开展的一项划时代的业务革命，其最终目的是提高档案的信息化管理水平，挖掘档案的社会价值，提高全民族的文化素养，推动社会进步，改变经济增长模式，适应信息社会发展的需要。档案信息化的实施与应用是涵盖计算机工程学、项目管理学、档案管理学、信息技术等多学科知识在内的系统化应用工程，在应用和实施的过程中应严格遵循软件项目管理的先进理念，并将多学科知识融会贯通到档案管理信息系统实施与应用的每一个环节，这就要求参与档案管理的所有人员，特别是信息化项目的主要责任人必须从思想上认识到信息化建设的艰巨性和复杂性，在思想上、认识上和行动上做好迎接挑战的准备。

第一，要从思想上充分认识到信息化是一项具有划时代意义的新型工作，其最终目的是提高档案的现代化管理水平，挖掘档案的价值，提高全民族的素养，推动社会进步和改变经济增长的模式，适应信息社会发展的需要。充分认识到档案信息化带来巨大的社会效益和经济效益的同时，也给各级领导和基层的工作人员带来工作上的方便性和灵活性，使每个从事档案工作的人员都真正成为信息化的受益者，从而达到统一思想、统一认识的目的，确保档案信息化工作的顺利开展。

第二，加强档案管理业务的学习。信息系统的应用是实现档案信息化的基本手段，其一切活动的开展必须服从档案业务的全过程和未来信息发展的需要，信息系统的应用要求档案工作者必须是懂业务、懂技术的复合型人才。如果说信息专业技术人员将软件系统设计完成后，仍然对档案业务及其知识一无所知，对档案管理流程含糊不清，那么他所设计的系统一定无法使用。因此，档案技术人员在开展信息系统的基础工作时，必须加强对档案管理业务的学习，在了解、熟悉、分析和发展档案业务和档案学基础知识的基础上，综合运用档案学、信息技术、计算机技术、网络技术等知识，加强对档案管理的理论、原则、策略、方法等内容的进一步探讨与研究。

第三，加强网络信息技术的培训。在信息化的今天，档案管理人员必须加强网络技术知识的学习，提高自身的管理水平。档案信息化是一个复杂的系统工程，其过程包括可行性的论证，系统的规划，详细的设计、编码、实施、应用和持续性的维护等多个阶段，每个阶段都涉及多方面的技术知识的渗透、融合与综合利用。同时，整个信息化的建设过程也是一个不断完善和逐步发展的过程，所有参与人员无论是管理人员、操作人员、系统设计开发和应用实施人员都必须了解和清楚各个环节的紧密关系和各个业务功能模块的来龙去脉，重点掌握自己业务范围内和所操作的系统功能模块的基础知识，才能使整个系统顺利运行并不断得到应用和完善。

第四，加强档案信息资源的建设工作。档案信息化建设涉及的内容非常广泛，而且这些内容会随着社会时代的不断发展进步而得到不断丰富，档案信息化建设面临的任务很艰巨，困难也很多，因此我们要有重点地进行突破，把信息资源的建设当作核心工作来抓，实现重点带面的良好局面。在信息已成为重要的社会资源的今天，档案信息作为一种原生信息，正发挥着越来越重要的作用，把国家的档案资源建设好是档案工作的中心任务。

这项工作主要包括三方面的内容：①要加快现有档案馆藏文件级目录数据库和全文数据库的建设，以满足快速检索的需要。要加快现有档案目录的整理、著录和建库工作。

②有条件的档案部门，要积极推进那些重要的、容易受损的、利用频率高的档案数字化进程，加强重要档案的保护，提高档案的利用率。③对新产生的电子文档，要采取科学的管理方法和利用现代技术手段，收集好、管理好。随着信息技术和电子政务的不断发展，电子文件将是未来数字档案信息新的主要来源。管理好、利用好电子文件将是档案工作在信息化时代的一项至关重要的任务和面临的重要课题。各级档案部门要积极介入本地区、本部门电子文件的产生过程，加强对电子文件的积累、鉴定、著录、归档等环节的监督、指导，保证归档电子文件的真实、完整、有效。

第五，不断提高档案信息化的服务水平。档案管理工作是一项服务性的工作，它的根本任务是为国家建设和社会的发展提供可靠的信息服务，在信息资源共享成为社会发展趋势的背景下，档案信息资源因其独特的价值而日益受到社会的关注，档案信息资源的社会共享已成为国家档案事业适应社会信息化发展潮流所亟待研究的重大课题之一。随着社会经济的不断发展，社会信息意识不断增强，为信息资源的社会共享提供了良好的发展空间。新时代档案工作应做到：经济建设发展到哪里，档案工作就延伸到哪里；政治建设发展到什么阶段，档案工作就服务到什么阶段；文化建设发展到什么水平，档案工作就服务到什么水平；党的建设对档案工作提出什么要求，档案工作就提供什么服务。为了更好地实现档案信息化建设的目标，我们应根据社会信息化的客观趋势，在不断优化传统的档案服务方式的基础上，与时俱进地促进档案工作的创新。要实现档案服务方式的创新就必须更新服务理念，整合档案资源，兼顾需要与可能创新档案服务模式，实现档案服务工作质的飞跃，使档案信息资源的社会化共享逐渐由理想变为现实。

第六，安全保障体系的建设。档案作为人类历史的记忆和现实工作的支撑，其信息的安全性至关重要。因此，在管理信息系统实施与应用的过程中，应保证档案信息不流失到非保管单位和个人，应确保档案信息安全并可读取，应确保档案信息分权限管理和分权限查询、浏览及检索利用。这不仅需要对档案管理信息系统提出安全保障要求，更重要的是实施单位的安全管理措施和安全管理方法要得当。

安全保障体系的建设是档案信息化建设的重要内容之一，各级档案部门在开发利用档案信息资源和网络系统建设工作中，必须提高信息安全意识，防止失密、泄密以及档案丢失现象的发生。要保证信息的安全，首先，要加强安全保密技术的应用。在档案网络技术建设中，必须充分应用信息安全保密技术，解决好档案信息传输与存储安全保密问题。其次，要建立完善的保密制度。各级档案部门在信息化建设的过程中必须制定针对性强、操作性好的信息安全保密规定，确保档案信息的安全。最后，要建立严格的管理制度。各级档案管理部门要加强档案著录标引、数字化转换、档案网络信息公布等过程中的安全管理，实行安全责任制。非公开的档案信息一律不准在网上提供，已公开的档案目录或全文查询服务，要认真采取安全防护措施，实行严格的授权管理体系，确保档案信息和系统的安全。

我们要把档案安全问题提到议事日程上来，任何时候都不能有丝毫懈怠，越是在信息化程度日益提高的情况下，越要全面兼顾档案的实体安全和信息安全。要严格执行档案安全保管的责任制度，杜绝一切事故的隐患。严把档案利用审查关，不该提供的档案坚决不能提供；要严格执行"三网"隔离制度，采取可靠的防范技术和措施，确保档案部门的网络信息安全，对于面向公众的网上信息进行严格的审查，确保上网信息的安全性。

（三）加强资源建设

1. 人才资源建设

档案信息化管理系统改变了传统的手工操作方法，因此对档案管理人员的整体要求比传统的管理要高，因为它的应用要涉及许多方面的知识，需要有变革的管理思路。首先，档案管理机构要转变管理理念。档案管理信息系统本身就蕴含着现代管理思想，比如归档流程的自动化、信息著录标准化以及信息著录的一致性、系统集成等现代管理理念。它的成功应用是在对其进行深刻理解的基础上才能见到的明显效果，这不仅要求决策者能接受和理解，而且要求业务人员能够接受和理解。其次，是在认识上的转变。档案管理者在充分认识到网络化应用带来方便的同时也带来一些新的问题，认识到提高档案管理信息系统是提高业务服务效率与质量的手段，认识到资源共享的重要性，认识到需要不断地学习新的知识，认识到有了档案管理系统做助手，档案业务人员才能将工作的重心转移到钻研业务、深层次管理开发利用上。总之，是要建立一支既熟悉档案业务又懂信息技术的人才队伍，不断提高档案部门的人员素质。一方面，应通过实施各种培训、提供各种学习条件使档案管理工作人员能够很快熟悉掌握信息技术的理念、方法和思路；另一方面，应大胆引进信息技术、网络技术等方面的人才，将信息技术融入档案业务管理中，真正做到业务技术双精通，做到各尽其用。

2. 信息资源建设

网络环境的核心资源是档案的数据和信息，它们是网络环境的基础资源，离开了这些基础资源，网络信息化就成了无源之水。在实际运行过程中，不是所有的档案部门都能重视这些基本资源的建设，有一些单位在规划实施甚至已经购买了设备和软件后，还未将档案的目录进行整理，系统就被淘汰了，更不用说电子文件的管理了。因此，各单位在建设网络环境之前，必须将基础数据录到档案专用服务器中，建立分类数据库，为以后应用网络管理系统打下良好的基础。在数据信息录入的过程中必须遵循标准化、规范化的原则，这也是国家对档案信息化建设的基本要求。但并不是所有的信息化单位都能够做到，在一些使用单机版的单位，其档案数据在遵循标准和规范方面离国家规定的档案管理目标还有很大的差距。因此，在进行网络化管理信息系统时，必须提前做好录入数据的规范性工作。

数据的整合也是网络化之前必须要做的工作之一。数据的整合就是按照标准、规范以及网络化资源共享的要求，将同类和相关数据进行整合，将数据字段整理出来，进行合理分类，也就是将原来一个个独立存在的数据进行分类整合，并抽取其中规范的数据字段以方便统计，这项工作也是档案信息资源建设的基础工作。

3. 安全资源建设

一个安全、稳定、可靠的信息系统，是顺利开展工作的可靠保证。网络版的档案管理信息系统必定需要支持网络化应用的数据库管理系统，目前有的解决方案只将档案目录信息存储在关系性数据库中，而将电子文件全文存储在文件服务器中，这样又多了一层数据管理，这些数据一旦出问题，系统也就失去了存在的意义。因此，必须制定相应的档案管理信息系统的安全保障措施，才能保证档案信息的安全和信息系统的安全，才能保证信息化战略的顺利实施。

4. 设备资源建设

网络是信息化的基础设施，拥有一套可靠、稳定、安全的网络设备是档案信息化的基本保证。由于使用单位的情况各不相同，因此在建立本单位的网络体系时应根据实际状况和本单位的发展需要，构建适合自己的网络运行环境，这样既能保证目前的正常使用，又能为将来的网络扩展创造条件。

一般来说，网络布线、端口设计、设备摆放等网络基础设施的建设，在设计建楼时已经考虑到并予以实施，但在使用的过程中也会随着需求的不断变化而逐步调整。对于网络设备的购买，最主要是结合本单位的实际需要来购买，在购买的过程中一定要严把质量关，确保购买的设备是先进的、合格的产品，绝不能为了贪图便宜以次充好，结果造成工作过程中故障频出，那样就得不偿失了。最后是警钟长鸣的安全问题。一般来说，网关、防火墙、入侵检测等安全产品是网络安全保证的基本需要，如果将本单位的计算机接入 Internet 而没有采取任何的保障措施，那是非常危险的做法，也是违背安全保证工作条例的。

第四节 档案信息化系统实施的步骤

一、与信息系统实施有关的基本要素

（一）项目组织

项目组织与团队建设是项目启动工作的重要内容，也是决定整个项目能否成功的关键因素，每一个项目的实施，都涉及多方面的组织或个人的参与。为了确保项目进度，把好项目的质量关，控制项目的资金投入，监理方通常被聘请来全面监督项目的执行，因此，项目的实施至少会涉及建设方、用户方和监理三方的利益。

1. 建设方

承担信息系统建设的集成商或软件系统的开发商，其职责是提供商品化产品，为客户提供信息化解决方案，根据需要进行客户化定制、实施、操作等工作，以及实施软件系统并开展必要的咨询和培训等工作。

2. 用户方

客户是项目承担的主要对象，是档案信息系统实施与使用的最终机构。其主要的职责是，根据自己的需要设立项目，并选择供应商、开发商及软硬件产品。客户是项目的出资方，也是项目成果的使用商，是最终的项目受益者。

3. 监理方

客户出资聘请的项目实施顾问和项目建设质量监督方对客户负责。其主要职责是监督和控制整个系统的进度、成本、质量等风险的综合要素，维护用户的权益，降低系统建设的成本和风险，提高系统实施的成功率。

总之，项目的成功开发，需要协调这些利益相关者之间的关系，选择平衡点，最大限度地调动所有参与者的积极性，减少项目实施过程中的阻力和影响。

（二）项目团队

项目的开发需要人才，这就需要建立一个强有力的工作团队，并有组织地进行建设。项目团队涉及的面很广，几乎包括了所有的项目相关者，在项目实施的每个阶段也将组织相关的团体。在项目启动前成立项目委员会来分析项目的可行性，而在项目执行过程中，项目经理就起着举足轻重的作用。

当前，档案信息化建设基本形成了两套体系：一套是开展信息化建设和运行维护的信息管理组织体系；另一套是当前已经存在的行政及业务管理组织体系。其主要原因是业务管理和信息化应用没有真正融为一体，在业务管理和信息化的应用上存在着观念和认识上的差异。立项的管理模式是二者合二为一，这就要求档案管理的领导者是既懂档案业务又懂信息化业务的现代管理的复合型人才，要求信息化管理机构中的每一个员工都要把档案业务和信息化管理结合起来开展工作。

（三）项目资源

资源包括的内容很广，它包括自然资源、内部资源、外部资源、有形资源和无形资源。这里所强调的资源不仅包括支持项目开发的人力资源、资金资源、技术资源、环境资源，也包括在档案信息化建设过程中不断产生的 IT 资源，如网络、服务器等硬件设备，操作系统、应用系统等软件资源，同时还包括档案信息资源。因此，要求我们不但要管好、用好能看得见的设备资源，也要学会管好、用好软资源。项目开发的不同阶段，资源的需求在不断变化，有些资源用完要及时追加，任何资源积压、滞留或短缺都会给项目带来损失，各类资源的合理、高效使用对项目管理尤为重要。

（四）项目的进展

项目的进展情况需要根据项目的目标要求来进行制定，然后才能具体落实和实施。这些计划的制订对供应商、开发商以及档案管理人员的工作进度都有明确要求。事实上，在档案信息化建设过程中，由于档案机构内部人员的不配合、工作繁忙、需求变化等影响项目进度的情况比较常见。因此，项目在实施过程中，要求每一个参与此项工作的人员都要明确自己的职责、进度要求，只有这样才能保证项目的顺利进行。

（五）项目的质量

质量在信息系统的管理中起着举足轻重的作用，它的好坏直接关系着档案管理机构的根本利益，同时也影响着供应商和开发商的声誉，应该说参与项目的每一个成员都希望获得高质量的实施效果。在信息化过程中。要想保证产品的质量，就必须严把质量关，严格过程的质量监控，落实阶段目标。只有保证了每个阶段的质量，才有可能保证最终的项目质量。另外，由于参与项目的多方机构和人员对信息化项目的认知程度很难达到完全统一，质量的标准也不完全一样，即使用户在当前满意，也可能在短时间内满意度就会改变。因此，加强开发商与用户的沟通、交流、达成共识仍然是保证项目质量的有效方法。

二、系统规划

系统规划是项目工作的前瞻性、全局性和关键性的第一步，档案信息化建设的高层行政管理人员和高层信息管理人员是系统规划的主要成员，其主要任务是确定系统实施的目标、系统的体系结构、系统实施方案和实施过程的资源计划。因此，参与系统规划的人员对档案业务、现代化管理和信息技术的掌握程度以及他们的创新精神和务实态度是有效开展系统规划的基础。

系统规划阶段所做的主要工作有工作团队的组织、系统实施的进程计划、信息系统部署方案的确定以及资金的分配使用方案，还包括人力资源、行政管理、技术支持的协同以及对项目实施过程的风险评估。

三、系统的开发

系统开发是信息系统建设工作的核心，这一阶段的工作是由承担信息化建设的软件供应商来完成的，档案馆工作者的主要任务是提出目标阶段的需求，档案馆的技术支持人员则在业务工作者和开发人员之间起到沟通桥梁的作用，并解决系统开发过程中的问题。

分析市场的需要是项目开发的最终目的，因此，项目开发的基本任务是要了解市场需要什么样的软件系统；该软件系统具有什么样的功能，这些功能的优缺点是什么等。尽管项目在启动时已经确立了系统的目标，但这个目标相对来说是宏观的，具体一些细节的内容并不明确，因此明确需要将会对目标系统提出完整、准确、具体的要求。需要分析阶段主要涉及三类人员，即档案业务的管理人员、管理信息系统的研发人员、系统的实施人员，这一阶段的主要任务是加强沟通和交流。这一阶段对档案管理人员的要求是能够准确描述当前及未来业务的发展需要，系统分析并能够准确理解、认识业务的需求，必要时可以借助自身的工作经验对客户进行启发和诱导，让他们说出自身更深层次的业务需要，从而指导今后的开发工作。需求阶段的工作内容主要包括以下几个方面。

（一）组织结构的调研与分析

了解用户单位当前的机构设置与管理模式，充分分析其利用的合理性、完整性及运作的有效性，用以确定信息系统的体系结构，包括系统的运行结构、功能框架结构和系统的总体部署方案。

（二）对实际需要的调研分析

以用户的需要为出发点，充分考虑用户对软件的实际需要，编写可满足用户需求的规格说明书以及用户手册，表述对目标系统外部行为的完整描述，需求验证的标准，用户对系统的性能、质量、可维护性等方面的要求以及用户界面描述和目标系统的使用方法等。

（三）信息化现状的调研分析

在充分调研的基础上，了解归档单位与档案馆目前的硬件和软件运行环境、当前应用系统的使用情况、当前的数据格式和数据规范性、数据处理的方式等，分析需求开发的继承接口系统的内容和功能、数据迁移和数据导入导出的需求，确定进行二次开发或进行系统实施过程中的具体工作和任务以及软硬件系统的需求。

（四）对需求的检验过程系统分析

人员需要在档案管理人员和系统软件的实现人员的配合下对自己生成的需求进行检验，保证软件需求的全面性、准确性和可行性，获得档案管理人员的认同，并对需求规格和用户手册的理解达成共识，达成对目标系统理解的一致性。

我们所作的需求信息的获取、需求的分析以及编写需求规格、需求说明等工作是相互渗透、增量并行和连续反复的，其工作的过程主要包括以下几个方面：首先，是系统分析员和档案业务管理员开展的面对面的交流，记录用户提供的信息，即开展信息的获取活动。其次，系统分析人员对获得的信息进行分析归类，并对客户的需求同可能的软件需求相联系，也就是开展需求分析活动。再次，系统分析人员对档案业务需求信息进行结构化的分解，编写成文档和示意图，形成需求规格的说明书。最后，组织档案管理业务的代表评审文档并纠正其错误，完成需求的验证工作。以上这几个过程是由浅入深、循环往复并渗透到客户业务系统的各个环节，贯穿于客户业务系统的各个环节，并贯穿于需求分析的整个工作过程，直到双方对目标系统的功能、流程、接口、数据、操作等多方面达成共识后，需求分析阶段的任务就结束了。并不是说业务需求就不可再发生任何的变动，这只是需求的"相对锁定"。

四、系统的设计

系统的设计是基于对需求分析的工作成果，对系统做深层次的功能分析实现流程设计，分析总结出行之有效的系统实施方案，使整个项目在逻辑上和物理上得到良好的实现，从而构建出最终目标系统的框架。

（一）系统的设计

软件系统设计的首要任务是体系结构的设计，在此设计的基础上逐步完成详细的设计工作，把设计的风险降到最低程度。虽然一个良好的软件结构不一定能产生令人满意的软件，但一个非常差的软件结构设计，一定会导致软件项目的失败。因此，我们应高度重视软件的设计工作。

（二）软件的编码

编码是软件系统实例化的具体过程。在完成系统分析和设计工作之后，主要任务信息系统运行结构、模块结构和数据组成已基本确定，下面的工作就是把系统设计的结果翻译成某种程序设计的语言编写的程序以及信息系统代码编写的具体工作。这一阶段的任务是将需求分析和系统设计的结果与内容转换为用户需要的实际应用过程。

（三）系统的自测

软件的测试是系统开发过程中非常重要的环节，是系统实施阶段的一项重要工作，开发人员进行系统自测的目的是为了尽可能地发现和修改系统设计和系统编码中的错误，开发人员自测试阶段发现的问题越多，交付的目标系统的质量就越高，后期纠错型的维护工作就越少。在实施和应用档案管理信息系统时，软件开发的执行人因项目的开展方式不同而有所区别，如果是自主研发的，则是本单位内部技术人员开展系统设计、软件的编码和测试工作；如果采用购买商品化的软件实施方案，则一般的供应商已经根据档案业务的共性和标准流程开发出管理信息系统的原型产品。本阶段的主要工作是用户在熟悉和使用商家产品，更多的是按照自己的需求对系统进行功能、性能等方面的测试，最终确定商家的产品是否满足目标系统的要求；如果采用自主开发和商品化应用相结合的方式，也同样执行以上三个环节的内容，并对商家提供的产品原型进行改造，以适应本单位业务管理的需要。

五、系统的实施

系统实施的主要任务就是软件系统的客户化定制过程，这一时期的主要任务是建立能满足需要的软件系统。其工作的内容主要包括客户化的定制、系统的测试、系统的试运行等内容，另外还包括数据的导入与客户的培训等工作。系统实施阶段主要包括以下三方面的任务。

（一）对软件系统的针对性定制

主要包括四项内容：一是框架定义，即根据用户的业务需求建立系统总体框架，比如按照档案的门类进行系统分类，或者按照信息分类方式，或者按照用户自己的管理方式进行分类定制；二是数据库结构定义，即按照每一个档案门类确定逐字段的属性、操作方式等；三是业务流程的定义，即按照用户对档案业务流程定义系统的功能；四是用户模型定义，即按照实施单位用户操作系统的功能和数据权限建立用户模型并授予其操作权限。

（二）数据的整合

在系统使用过程中，数据的迁移、载入等工作是需要软件供应商来帮助完成的，而用户单位的主要工作是定制数据的管理规则，严把实施过程关，并建立严格的档案保密措施，保证档案信息的安全。这一内容是实施过程中工作量较大的部分，是最容易被忽略的部分，同时也是最容易出现问题的部分。档案管理部门应充分认识到这一点，并在实际工作中引起足够的重视。如果原有的数据不能安装到系统中，新系统的实施工作就等于失败了。

（三）系统的检测试用

当客户定制了新的软件系统，并把原有的数据迁移、装载完成后，一个新的应用系统就算建立起来了。在这一工作完成的过程中，首先由供应商或软件开发人员对系统的原型进行全面测试，测试的过程中一定要按照软件的要求严格测试，由建立单位严格把关，并从专家的角度提出测试意见和改进意见，最后由用户单位的档案管理人员根据最初双方形成的分析报告中规定的系统功能进行测试，如果测试没有问题则进入试运行阶段。对用户来说，试用和测试新软件的过程非常重要，它不但是检验软件系统的过程，同时也是对一个系统的学习、理解和接受先进管理理念的过程，要求所有的用户积极地参与并提出合理的建议，以便软件开发商对软件中不合理的部分及时改进，通过不断地升级更新，试运行一段时间后确定一个用户系统运行的版本，达到最终满足用户需要的目的。

六、系统的应用和培训

（一）对管理人员的培训

根据档案管理系统对各类管理人员的要求，结合用户对计算机操作系统、网络知识、数据库知识的掌握程度，根据信息系统的管理人员的工作内容进行分期培训，以适应新系统对档案用户的要求。

（二）系统的操作培训

结合档案信息化的用户操作手册，对用户进行针对性的培训，确保每个用户都能够在自己的权限范围内完成正常的系统与业务操作。在对业务人员的培训完成后要进行上岗前的考试，其目的是督促其掌握培训内容。在系统各级操作人员对应掌握的内容都掌握后，用备份的数据库文件替换用户培训时使用的数据库文件，使系统投入试运行。

（三）系统信息的归档

一是整理此次系统实施的架构模型，特别是基础数据表、工作流程，形成本单位独有的系统运行模式，并将本单位的数据库结构进行拷贝、归档，以备未来使用；二是建立客户信息档案，将其基本信息实施情况、使用系统版本情况等进行归档，同时将数据库结构一同刻录成光盘进行归档，为以后系统的升级维护奠定基础。

（四）系统的实施切换

当用户得到一个可以真正接受的系统后，就可以实施系统的正式切换，也就是说，可以正式利用新系统开展工作。为了保证数据的准确性以及防止数据的流失，在应用新系统开始工作时不急于将原有的系统毁掉，应在使用新系统后继续保留一段时间，在确保没有丢失数据后再彻底停止对原有数据的使用。在系统切换的构成中，一定要将系统试运行阶段的部分数据及时装载到新系统中。

七、系统的检测和验收

档案信息系统项目的验收标志着该系统已经得到用户的认可，同时也标志着实施工作将要结束。在这一阶段项目实施单位的工作内容：一方面，在此项目实施过程中一些特殊性的信息资料，如增加了新的档案类型的数据库模板、增加了新的功能模块等，要及时进行整理，以便归档。整理可以作为项目验收依据的相关资料，比如使用说明书、变更登记、用户手册等。另一方面，是编写项目验收的文档，结合项目合同和需求说明书的内容，整理出验收的内容以及目前的运行情况及验收的标准。这一阶段客户方的主要工作内容：一方面，成立项目机构，其主要职责是按照验收申请报告、项目的合同、系统试运行报告、需求说明书等材料，结合系统现场使用的情况和递交给用户的资料情况，检查实施工作是否达到了合同中规定的要求。另一方面，是进行项目验收。由项目验收机构对系统实施的现场进行实地考察，检查各项实施工作。如果各项工作都已达到了合同中规定的要求，即可以验收通过；对于不符合要求的项目要提出改进和完善的建议。

八、对实施系统的评价

档案信息系统投入使用并运行一段时间后，用户和开发商可根据双方的合作协议及共同认可的需求分析报告、系统设计方案及相关要求，对系统进行综合分析与评价。评价的内容主要从实用与适用的程度，分析较之以前手工管理方式效率是否有明显的改善，目前已解决了哪些问题，使用是否方便，是否达到了预期的效果。如果与最初设定的目标相差甚远，尽管满足了一些实用功能的要求，也不能算是有效实施。

当然在最初设定阶段目标时，也应该采取比较现实灵活的态度，采取由小及大的方法，不断扩大成果的应用范围。一般情况下，衡量管理信息系统是否成功主要有五种情况。

第一，档案信息系统实施完全成功，即指项目的各项指标都已经完全实现或超过了预期设定的目标。

第二，档案信息系统的实施是成功的，即项目的大部分目标已经实现，基本上达到了预期要求。

第三，档案信息系统的实施只有部分成功，即项目实施实现了原定的部分指标，没有达到预期的目的。

第四，档案信息系统的实施是不成功的，即项目实现的目标非常有限，根本没有达到预期的目标。

第五，档案信息系统的实施是失败的，即项目的目标没有实现，必须终止项目。

总之，对档案信息系统的评价结论是档案工作者应该十分重视的工作之一，应当从评价信息中获得档案管理信息系统实施过程中的经验和教训，以提高今后系统建设的成功率，从而提升档案管理信息系统的时效性。

第三章　档案信息化管理与建设的理论基础

第一节　档案信息化管理与建设的目标

档案信息化的管理与建设目标是根据国家对档案信息化建设的基本要求，在国家宏观政策指导下建立起来的，它主要包括以下几方面的内容：按照电子政务总体建设的要求，实施电子档案工程；依托局域网、公务网和互联网，推进档案数据库建设和办公自动化建设；推进档案事业持续、快速、健康发展，力争使我国档案信息化建设总体水平接近先进档案馆水平。

一、加强档案信息化建设的基础工作

国家对档案信息化建设的基础工作非常重视，2002年国务院总理在国家科教领导小组举办的科技知识讲座上指出："随着信息技术在世界范围内的健康发展，特别是互联网技术的普及和应用，电子政务的发展正成为现代信息化的最重要的领域之一。"国内外有关电子政务的提法很多，如电子政府、虚拟政府、数字政府、政务工作信息化等，其宗旨是指各级政府部门运用现代信息技术和网络技术进行办公，实现政府组织结构和工作流程的重组优化，为社会公众和自身提供一体化的管理和服务。档案馆所收藏的档案信息历来以政府信息为主体，因此电子政务必然与档案信息化有密切关系。从促进电子政务完善发展的角度考虑，档案信息化建设作为国家信息化建设的重要组成部分，它的目标、任务和原则应在国家信息化战略目标的要求下，结合档案部门的实际情况和工作需要来制定。

档案信息化建设的基础工作包含的内容很多，概括起来主要有以下几个方面：

硬件基础设施建设。随着电子政务业务的普及和人们认识程度的不断深入，人们对电子政务建设的要求也越来越高，为了适应电子政务建设的需要，各级档案管理部门应加大力度提高计算机的普及率，加强对档案管理人员的技术培训，用现代的计算机管理代替传统的手工管理，添置各种必需的服务器和客户PC机，各级档案管理部门还应配置保证局域网、公务网和互联网安全运行的网络设备和存储设备，购买满足档案数字化需要的配套设备。

加强数据库建设。随着电子政务的不断发展，各级档案管理部门必须根据电子政务建设的要求，建设访问用户的档案检索系统，而档案数据库是档案计算机检索系统的核心部分。各地档案管理部门应本着资源数据共享的原则，不断加强数据库建设，提供更高层次的数据库管理方式，以满足不同层次用户对信息数据的需求。

加强网络环境建设。网络环境建设是档案信息化建设基础工作的重要内容，它包括局域网、公务网和互联网建设。要在信息化的建设中实现"三网并进"的战略，就必须做到如下两个方面：一是依托局域网建设，带动档案管理各个环节的办公自动化，尤其是档案利用服务窗口建设，档案管理的局域网应纳入本地区的局域网信息管理系统，与本地区的公务网、政务网、政府网站同步。各专业、部门、企事业档案馆的网络建设要纳入本系统、本单位办公自动化和业务管理系统。二是依托公务网、政务网的建设实现电子目录、电子文件数据的接收和传送，依托档案网站的建设，实现档案馆之间的互联互通，从而提高档案资源的利用效率，最大限度地实现档案资源的利用价值。

二、实现档案资源的整体规划和综合利用

档案管理部门应在"加强统筹规划，促进综合利用，避免盲目发展"的思想指导下，制定档案信息化的整体规划，最大限度地实现档案资源的综合利用。按照"统一、通用、科学、标准、共享"的原则要求，积极推进应用先进的计算机管理软件。按照国家电子政务的基本要求，加强档案计算机管理系统和办公自动化管理系统的衔接和融合，广泛应用文档一体化管理系统。进一步健全档案网站，不断丰富网站内容，有计划地开放数据库，提供网上查询和利用服务，并逐步增加交互式的网上办事功能。加快使用率高的专题数据库建设，不断增加档案信息资源的数量，加快查阅率相对较高的专题数据库建设，不断扩大数据来源和规模，最大限度实现档案资源的综合利用。

三、实现档案信息资源的社会共享

档案信息资源作为社会信息的基础资源，已经成为衡量档案馆综合实力的一个重要标志，也是档案馆融入社会，提供公共服务的"资本"。如果把档案网络环境比作道路交通设施，把档案馆计算机软硬件当作交通工具，那么档案信息资源就好比亟待流通的"货物"。因此，档案资源建设是档案信息化建设的核心，它包括各种载体的档案资料，特别是电子档案的收集、档案馆馆藏资料的数字化和档案信息资源共享体系的建设。它主要包括以下三方面的内容。

（一）电子档案的归档

随着电子政务的不断发展，大量的电子档案和电子目录是今后档案信息的主要增长点，同时也是档案信息资源建设的源头之一。从档案信息化建设的长远考虑，各级档案管理部门必须加强对电子档案的归档、保管、利用的技术手段的管理，制定电子档案的接收标准

的管理制度；可根据实际情况，实行纸质档案和电子档案"双轨制"的接收模式，并依托局域网构建电子档案的网上接收平台，开展电子档案目录和电子档案的全文接收，达到省时快捷的建档效果。电子档案目录的建立方便了档案的检索和查找，加速了档案的周转，提高了档案的利用率。

（二）电子档案的数字化管理

传统的档案管理体制下档案多以纸质档案为主，为了适应信息化建设的需要，实现档案信息资源的社会共享，就需要对纸质档案进行数字化转换。档案信息的数字化包括两方面内容，即档案目录信息的数字化和档案全文信息的数字化。档案目录的数字化包括全宗级目录、案卷级目录和文件级目录，各级档案馆必须在加快档案著录速度、严格规范著录标引的前提下，建设覆盖馆藏档案的全宗级目录和案卷级目录数据库，一些重要的档案将逐步实现文件级目录的机检，有条件的档案馆可实现全部文件级目录机检。档案全文信息的数字化，应围绕利用需求，以建立高质量的数据库为目标，积极地加以推进。通常是一般的馆藏照片、音视频档案应全部数字化，一些重要的全宗档案、利用率高的馆藏资料和专题文件应逐步进行全文数字化。一些条件比较好的档案馆，可建立多媒体全文数据库，形成档案全文数据中心，这样不但方便了电子文档的检索，也满足了电子文件实现社会共享的需要。

（三）电子档案共享平台的建设

网络环境下的档案信息资源建设，不仅包括自身馆藏的信息资源，还包括馆藏以外的档案信息资源。这种可供双向利用信息资源的实现模式就是建设档案目录中心。档案目录建设的实质是网络环境下各种档案信息资源的"虚拟整合"，以实现更大范围内的资源共享。各级档案馆应有计划地建设本系统的档案目录中心和目录分数据库，并通过公务网与主数据库连接，整合各种利用率较高的专题档案目录，建立机读目录的逐年搜集和送交机制。

四、加强电子档案的安全保障体系建设

随着档案信息化建设的不断发展，档案信息化的安全问题显得越来越重要。国家对信息化的安全问题极为重视，特别是党的十六届四中全会，把信息安全和政治安全、经济安全、文化安全放在同等重要的位置，这在我们党的历史上是前所未有的。档案信息的安全保障体系建设主要包括以下几方面的内容。

建立保证安全的法规制度。尽管我国已经颁布了一系列的安全管理法规，但还缺少国家级的统领全局的信息安全制度。在有法可依的情况下，档案管理机构本身还必须根据国家相关的法律、法规、规章制度制定符合本单位实际的安全保密制度。比如，《安全等级保密制度》《电子文件管理办法》《违章操作审计查处制度》等，把对信息安全的威胁降到最低。

档案信息的安全管理。在电子文件的形成、处理、归档、保管、使用过程中，档案信息都有被更改、丢失的可能性，即使拥有完善的信息安全技术，也需要有相应的管理措施来保证其得以实施。为此，制定安全的管理制度对于维护档案信息的安全就显得十分重要。

首先，要建立科学的归档制度。归档时应对电子文件进行全面、认真的检查，在内容方面检查电子文件是否完整、真实可靠，相应的机读目录、应用软件以及其他相关的内容是否一同归档，归档的电子文件是否是最终的稿件，电子文件是否反映产品定型技术状态的版本或本阶段产品技术状态的最终版本，电子文件与其他纸质的文件的内容是否一致，软件产品的源程序与文本是否一致等。在技术方面，应严把质量关，严格检查电子文件是否有病毒存在，确保信息的准确性。

其次，要建立严格的保管制度。所有归档的电子文件都必须做保护处理，使之处于安全状态。在对电子文件进行处理或对电子文件实行格式转换时，要特别注意转换过程中的信息失真。另外，还必须对电子文件进行定期的有效性、安全性的检查，发现信息或载体有损伤时，及时采取维护措施，进行修复或拷贝。

再次，建立电子文件管理的记录系统。电子文件形成后因载体转换和格式转换而不断改变自身的存在形式，如果没有相关的信息可以证明文件的内容没有发生任何变化，人们是无法确认它的真实性的，因此，应该为每一份文件建立必要的记录，记载文件的管理内容情况，确保信息的准确可靠。

最后，要维护公共设施的安全。随着电子档案信息应用范围的不断扩大，数字档案信息的安全工作也日益重要。目前威胁数字档案信息物理安全的因素主要有：机房、办公室管理不严，人员随意出入，对电脑文件、数据、资料缺乏有序的保存管理，工作人员对技术防范手段、设备认识不足，缺乏了解，操作不当造成设备损坏，内部网、电脑办公网与互联网混用。

第二节　档案信息化管理与建设的内容

档案信息化管理与建设是一项庞大的系统工程，它的最终目标是实现档案信息资源的共享。为了避免各地信息化建设各自为政，国家有必要制定与信息化建设配套的规划标准以及相应的法律法规来保证信息化建设的正常进行。

一、档案信息化的规范化建设

标准规范化是实施档案信息化建设的重要内容之一。在档案资源收集过程中，资源的存在形式是多种多样的，社会对信息资源的需求形式也是多种多样并在不断地发生变化的，因此没有标准化的规范体系，数字资源很难保证其内容的长期保存、有效操作、数据交换、永久性保管，更难以实现信息资源的社会共享。

目前，我国档案信息化系统建设层次标准不一，各种标准的规范性、标准性、共享性较差，还不能完全适应档案信息化建设共享的社会需求。从信息化建设的科学性要求和解决目前信息化建设中存在的各自为政、相互封闭、重复建设的问题出发，在档案信息化建设中必须总体规划，制定统一的规范化标准，这是做好信息化建设的基本工作，也是必须做好的首要工作。

所谓标准，"是对重复性的事物和概念所做的统一规定。它以科学技术和实践经验的综合成果为基础，经有关方面协商，由主管机构批准，以特定形式发布，作为共同遵守的准则和依据"。

所谓标准化是指"在经济、技术、科学及管理等社会实践中，对重复性的事物和概念，通过制定、发布和实施标准，达到统一，以获得最佳之需和社会效益"。

档案信息化的最终目的是实现档案资源的社会共享。档案信息化体系建设是以档案信息资源库建设为核心，以信息技术的应用为手段，以网络建设为基础的系统工程。档案信息资源体系建设涉及各种数据、网络建设和应用体系开发等方面，档案信息标准是档案信息资源共享体系建设的重要保障。

标准统一是实现网络信息互通、信息资源共享的前提条件。标准规范体系包括管理、业务、技术三个方面。管理性的标准规范包括计算机安全法规与标准，工作人员、用户及设备管理规范，利用管理规定数字档案信息资源合法性的确认等。业务性标准规范包括术语标准以及相关电子文件和电子档案管理的标准、规范。技术性的标准规范可分为硬件、软件、数据标准等三个方面。硬件包括计算机、网络服务器、网络通信等电子设备；软件包括系统软件和应用软件数据；数据标准是确保档案的通用、共享与交换，确保在软硬件环境变化时档案数据的完整、安全与有效。

二、档案信息化基本设施的建设

软硬件的基础设施建设。网络的建设是以计算机为基础的。它是用基本设施和线路将多个计算机连接起来，再用网络的信息软件进行信息的传递，实现资源的共享。网络硬件的基础设施主要包括网络的布线、交换机、路由器、配线柜、电源、终端计算机、输入输出和存储以及编辑等设备形成完善的网络系统；软件系统包括网络管理软件、服务器数据管理、互联网的节点控制等。

网络的数据库建设。用现代化的管理手段代替手工管理方式，对收集来的档案信息资源进行信息化的处理和存储。数据库是档案网络化建设的重要组成部分，是重要的网络资源，要加强网络化建设，就必须加强数据库档案资源的信息化建设。

数据库管理人员的培养。数据库管理队伍的建设是档案信息化建设的重要组成部分。

当前档案管理人员的整体素质与信息化建设的总体要求还有较大的差距，因此，档案信息化建设必须依靠加强人才队伍建设来提升和改造传统的档案管理和利用方式，在档案信息化建设的过程中，整个人才队伍的建设包括：一是档案信息化建设的组织领导体系。负责档案信息化建设的决策、规划、推进、指挥，为档案信息化建设提供良好的工作环境。二是具有领导能力、富有组织领导责任的领导人。这些人具有信息化的意识和时代的紧迫感，能够在自己的领域内大力推进档案信息化的进程。三是数据库管理人员。他们负责档案信息化建设具体内容的实施，是档案信息化建设的骨干力量。现有的大部分档案管理人员缺乏信息社会应有的整体素质，所以目前人才建设的重点是立足于现有人员的培养提高。培养档案管理者的整体素质，要把数据库管理人员作为重点培养的对象。

三、档案信息资源的建设

档案信息资源的开发利用是信息化的核心工作，是信息化工作取得实效的关键。目前，我国信息资源在开发利用中还存在许多问题，如信息资源的开发不足、利用效率不高、基础设施和应用系统落后、政务信息公开不快、跨部门信息共享困难等、所有这些都严重制约着我国档案信息化建设的发展。档案的信息化建设要想在信息化的社会中求得生存和发展，就必须把档案管理融入信息化的网络环境中，才能提高档案的利用率，提升档案自身的利用价值。

档案信息资源包括的主要内容：一是接收的电子文件档案。对电子文件的接收和管理是档案信息资源建设的重要内容。二是馆藏档案。馆藏档案是最主要的信息资源来源，是目前档案信息化建设的重点工作。三是网络信息资源的获取。档案信息化建设是我国信息化建设的组成部分，所以它的发展不可能离开整个社会信息化的大环境，档案信息化建设要想不断得到发展，就必须扩展自己的工作思路和范围，这样才能给信息化建设以更大的发展空间。四是其他资源的获取。档案信息资源还包括信息人员、信息技术、信息系统等。

档案信息资源建设的构成体系。一是数字化处理前的准备。档案信息从数字化处理角度可以分为符号信息、静态视频信息、动态视频信息和音频信息。每一种信息都有不同的处理方式，因此要对不同的信息制定不同的处理方案，最大限度地将档案实体上的信息保留下来。因此，档案信息数字化前的准备工作，对数字化档案信息的质量起着十分重要的作用。二是数字化处理子系统。这一部分是整个系统的核心部分，它利用各种设备系统对不同类型的档案信息分别进行处理，然后进入数据库，进行必要的组织和管理。它包括电子文件的处理系统、对电子文件的接收和实行统一规范的管理以及提供网上查询利用服务。三是数据存储子系统。系统可以按不同类型存储在各类数据库和文件系统中。四是档案馆藏数字化处理系统。它是对非数字化的档案采取不同的方法进行数字处理，成为统一的数字化档案信息。

四、档案信息资源数据库的建设

档案信息资源数据库是档案信息化建设的核心部分，档案信息的数字化、网络化工作都要围绕着数据库建设进行，其工作结果都要存储在数据库中，数据的质量对于数据库的质量起着实质性的作用。其建设要以国际、国家标准为依据，要保证存储的数据规范、准确。数据准确是对档案数据的最基本的要求。数据的规范要求档案数据库的数据著录项目符合规范要求，对于目录数据库的建设要依照事先确定好的著录标准进行数据库建设。要做到数据的有效性，要采用通用的文件格式标准记录档案数据，特别是对一些图形、图像、声音等全文信息，要采用标准和通用格式进行记录，降低未来有可能进行的数据存储格式转换和数据迁移的成本，杜绝馆藏数据无法读出的情况的发生。最后是数据的稳定性。重要的数据库结构、数据著录标准确立后，不能轻易变更，以维护系统的稳定和数据规范的连续性。

第三节 档案信息化管理与建设的任务

一、档案信息化数据库建设

《全国档案信息化建设实施纲要》明确指出，档案信息化建设的指导思想，是以档案信息资源建设为核心的，档案信息资源建设的最重要体现便是档案信息数据库建设。它既集中了档案信息的精华，又是社会利用档案信息的主要源泉，理应成为档案信息化建设的主要任务。

（一）档案信息化数据库的性能指标

收录数据的准确性。数据库中收录的数据是否准确、可靠，关系到档案检索系统的检索效率。数据的任何差错，如字符的不一致、格式的不统一、拼写的错误等，都会对计算机检索产生影响。尤其在数据型数据库中，数据的不准确通常会造成严重的后果，可能降低信息系统在用户心中的可信度，会使用户对信息的准确性产生怀疑。

数据记录的完整性是评价数据库质量的首要指标。数据库覆盖面的大小、收录数据的完备程度，关系到它是否能全面满足用户的检索需求，这是取信于用户的基本前提。

信息内容的丰富性。信息内容的丰富程度是揭示信息特征的重要指标，如对一份档案著录项目的翔实程度、有无摘要、标引深度的大小等。数据库的内容越充实，就越有助于用户判断档案的价值及其切题程度，从而帮助用户准确、快速地找到所需的信息。

数据库的及时性。数据库的及时性主要指一份档案从形成到纳入数据库之间的时差。如果用户先看到原始档案，然后再从数据库中检索到所需的信息，就会认为数据库提供的数据不及时。数据库的及时性对于现实效益较强的科技档案尤其重要，数据库的时差越短，其价值就越大。

数据库的成本效益。建立数据库需要花费大量的人力、物力，因此，经济成本是衡量与选择数据库类型的重要指标，应尽可能用最低的成本获得最大的效益。计算数据库成本的指标包括每个字段、每条记录的平均费用以及每次检索、每条命中记录的平均费用等。

（二）档案信息化数据库的组成和功能

数据库、数据库管理系统和数据库系统这几个概念通常混淆，其实它们是三个不同的概念。通常人们所说的数据库是指数据库系统。一个数据库系统是一个实际可行的，按照数据库方式存储、维护和向应用程序提供数据或信息支持的系统。它是存储介质、处理对象和管理系统的集合体，通常有数据库、硬件、数据库管理系统和数据库管理几部分组成。对于档案库来说，还应包括档案信息数据。

数据库就是存储信息的仓库。这些数据存储到计算机中，使人们能快速方便地对数据库进行查询、修改，并按一定的格式输出，从而达到管理和使用这些数据库的目的。硬件机制存储数据库和运行数据库管理系统的硬件资源，包括物理存储数据库的系统和其他外部设备等。数据库管理系统是负责数据库的存取、维护和管理的软件系统。

数据库系统克服了以前数据管理方式的缺点，试图提供一种完美的更高层次的数据管理方式。它的指导思想是对所用的数据实行统一、集中、独立管理，实现数据共享。数据库系统管理方式具有数据共享、数据结构化、数据独立性、统一数据控制功能等特点。

（三）档案信息化数据库的构成

档案信息数据库中的各类档案数据，不仅包含馆藏档案的各类信息，如纸质文献、照片和音频、视频资料，还包括政府的公开信息，从而使档案管理资源库通过计算机通信网络连接成为大规模的知识群库。离开了这些数字化信息的资源库，档案馆信息化建设就成了无源之水，无本之木。档案数据库存在的档案信息种类繁多，既有案卷级目录信息和文件级目录信息，又有全文信息数据、专题目录数据和视频目录数据等。不同类型的档案数据库的应用，通常和不同类型的应用软件相配套使用。目前，档案信息数据库的建设主要包括以下几个方面。

档案全文信息数据库建设。档案全文信息数据库是最实用也是最受社会不同层次利用者欢迎的数据，因为这些全文信息通过网络环境，有可能使各方面的利用者不受空间的限制，以方便得到利用。建立全文信息数据库关键是档案文献数字化的前处理工作。

档案文件级目录建设。档案文件级目录一般包括重要文件级目录和案卷文件级目录。档案文件级目录建设至少具有两项优点：一是有利于用户对有关档案文献做更深度检索和查阅，使查找更具有专指性；二是有利于与档案全文信息数字化开展相匹配。由于文件级目录建设耗时、耗力，一般以馆藏重点全宗档案为对象。

档案案卷级目录建设。案卷级目录是档案资源建设最基础的数据。在档案信息化建设中，档案案卷级目录应涵盖档案馆全部馆藏，必须达到馆藏要求，其内容包括馆藏各个时期和各种载体档案的目录。

照片档案目录建设。照片档案目录是最受重视的专题档案目录之一。它有三个特点：一是著录项目多，与普通纸质文件相比，照片档案的著录项目更为齐全，因而其揭示的信息特征更多。二是照片目录与数字化或图片文件数据相关联使用。照片档案目录建设的关键是每条目录数据著录项目的完备性。三是分类标准独特，与普通纸质档案比，照片档案的分类更切合档案馆藏的实际，使用者更易接受。

专题档案目录建设。专题档案目录是目前最热门的电子档案检索工具之一，是以真正提供利用为目的、方便利用者的检索工具。其积聚了馆藏中有关档案专题的所有案卷级目录和文件级目录，这些目录包括全宗的目录集合体。专题的内涵包括档案内容、档案文本或档案载体等。专题档案目录建设的关键是对有关专题的选择和确定，需兼顾馆藏特色和社会利用需求。

二、数字档案的收集

数字档案馆主要收集各个立档单位的电子文件以及各立档单位经过数字化处理后的传统档案，是档案馆数字档案信息的重要来源。

电子文件的收集。电子文件和纸质文件的生成背景和发挥作用的不同，造成其收集方法和要求也不相同。如"无纸化"的电子文件，不仅要收集积累，更要有严格的安全措施，因此可制作成拷贝文件，以免电子文件系统发生意外使文件信息丢失；起辅助作用或正式作用的电子文件，应及时收集与整理，并与其相应的纸质文件之间建立标识关系；草稿文件一般不予保留，如果出于对所保留电子文件重要性的考虑，则应对其进行收集和积累。

在进行电子文件的收集时我们应具体问题具体分析，不能用同一种收集方式。因不同信息的电子文件，由于其技术特性不同，存储载体和记录信息的标准、压缩算法也不同，所以应分别采取措施保证其"原始性、真实性、完整性"。另外，与纸质文件不同，电子文件的读取、还原，离不开其生成的软硬件环境和元数据等，所以电子文件的收集、积累还必须包括这些内容。

电子文件的类型多种多样。按形成电子文件的性质分，有文本文件、图形文件、图像文件等；按电子文件的功能分，有各种公文、文本文件、设计文件、研究试验文件等。对电子文件的收集、积累应包括归档范围内所用的电子文件，对未列入收集归档范围的电子文件，有的也要收集，尤其需要对一些项目做补充归档或扩大归档。因此，归档人员需要了解一些未列入接收电子文件的形成、承办情况，有的要及时主动收集。特别是对个人电子计算机产生的电子文件的收集工作，实践性很强，错过时机，电子文件就有失散、损毁的可能。

电子文件归档的具体形式和要求。电子文件归档的形式概括起来主要有三种形式，即物理归档、文本转换归档和逻辑归档。物理归档是将带有规定标志的电子文件集中拷贝到耐久性能好的磁、光记录介质上，一式三套。一套封存保管，一套共查阅使用，一套异地保存。这种归档方式缓解了紧张的存储空间，并且延长了数字化电子文件的寿命。拷贝归档，通常采取压缩归档和备份系统归档手段。压缩归档即采取数据压缩工具，对电子计算机网络上应归档的文件，经过一段时间积累后进行压缩操作，录入磁、光记录介质上。这种方法通常对将来的电子档案管理有利。备份系统归档，即在电子计算机网络环境下，将归档的电子文件在网上进行一次备份操作，就可将归档的电子文件记录在磁、光记录介质上。为保证电子文件的真实性，在归档电子文件时要将记录日志和数据库都备份到磁、光记录介质上。

文本转换归档是将电子文件转换成纸质文件归档，并使纸质管理系统与电子管理系统建立互联关系。这种归档方式是为了适应现有的科技水平，保证电子文件的原始性和凭证价值而采取的措施，有其局限性。

逻辑归档是指电子文件的管理权从网络上转移到档案部门，在归档工作中，电子文件的存储格式和位置暂时保持不变。这种归档方式解决了许多机关"收集归档难"的问题，并使档案部门对其应予以接收的电子文件有了控制权。

目前电子文件归档分三步。首先，由电子部门和文书处理部门合作，在电子文件的形成或收到的同时，对列入归档范围的文件进行逻辑归档；其次在有逻辑归档标识的电子文件办理完毕后，有专人对电子文件进行真实性和完整性的检验，检验无误的纸质文件与该电子文件的物理载体建立互联并一同归档；最后，对有逻辑归档标识的电子文件定期进行物理归档。

加强电子文件归档管理的标准化建设。电子文件是电子政务和电子商务发展的必然产物，它必须有标准化、管理的现代化。因此，有必要对电子文件著录标准化、存储格式化和元数据标准化等电子文件标准化管理中的基本问题进行深入研究，尽快使电子文件的管理全过程做到有章可循，保证电子文件从生成到归档管理上的连续性和规范性，为最终确定电子文件的法律效应创造必要的条件。

制定科学的电子文件归档标准是当前我国档案管理标准化工作的重点，也是加强电子文件管理的一项有力的措施和必要的途径。制定标准应充分重视以下几项任务：第一，明确当前急需攻关解决的标准，如电子文档的归档标准、电子文件著录格式标准、电子文件的存储格式标准等。第二，提倡使用统一的软件。通过统一的软件，使电子文件归档管理逐步纳入规范化轨道，由档案行政管理部门与专业软件公司共同技术攻关，合作开发通用软件，并逐步在各级档案部门中推广使用，将是一条切实可行的途径。第三，与计算机行业联手合作，区分档案部门内部制定的标准和档案部门与计算机行业联手制定的技术标准，尤其是后者要列入规划，最终构成完整的电子文件归档管理标准体系。

电子档案的接收和迁移。按档案存储法的有关规定，电子档案到了一定年限就应向综合档案馆移交，其中包括目录和全文信息。综合档案馆的收集一般采用介质接收和网络接收两种形式。介质接收即用存储载体传递的电子文件，如磁盘、光盘，进行卸载式离线报盘接收，一般按规定进行登记、签署，对于更改处，要填写更改单，按更改审批手续进行，并存有备份件防止出现差错。网络接收即在电子计算机网络系统上进行在线接收，系统应设计自动记录功能，记载电子文件的产生、修改、删除、责任人以及记录数据库的时间等，并在进入数据库之前，对记有档案标识的内容进行鉴定、归档和接收入库。

在数字档案接收过程中，我们从一个网络的数据库中，将数据导出到磁、光介质，再将这些介质接到另一个网络，将数据导入其数据库，从而完成从一种技术环境到另一种技术环境的转换，使数字信息发生了迁移。在数字信息迁移过程中，要注意三个问题：一是确保档案信息内容的真实和维护使用功能。对于那些在不同操作系统之间迁移的数字信息而言，即使不可能保持原格式外观，也必须保证内容和使用功能的不变。二是降低迁移成本和风险。数字信息迁移需要考虑迁移成本和可能存在的风险，因此要考虑合适的迁移间隔时间。三是确保信息内容的原始性和完整性。

三、馆藏档案信息数字化

馆藏档案信息的数字化是档案信息建设的一个重要组成部分，其主要目的是利用计算机、扫描设备、图像处理技术等现代信息技术将传统的介质存储的各类档案，根据需要进行数字化处理，以积累数字档案资源。档案馆经过几十年的建设，不仅将各种档案信息组织化和有序化，而且形成了丰富而独特的档案文献信息资源。在档案馆收藏的大量经过整理、分类的档案文献资源，除极少数在其形成的过程中和前期运行阶段就采用了数字化记录形式以外，绝大部分是纸质档案。针对这一现状，现阶段和今后一段时间内，对纸质档案信息进行数字化转换，便成为档案馆藏数字化的中心任务。

（一）馆藏档案信息数字化的工作内容

馆藏档案信息数字化主要包括两项任务：一是将传统载体的档案目录进行数字化；二是将档案内容进行数字化。

档案目录数字化的主要工作是对载体档案进行编目，并将目录信息录入计算机中，建立档案目录数据库，利用管理信息系统实现档案目录数据的计算机管理和目录信息的资源共享。

档案内容数字化的主要工作是馆藏的纸质、录音、录像、照片等档案，通过扫描、加工、处理转变为文本、图像、图形、流媒体等数字格式信息，存储在网络服务器中，利用计算机及信息系统提供查询、检索和浏览。

档案内容数字化工作包括数字化预加工和深加工两个步骤。数字化预加工能够将纸质档案、照片档案、微缩胶片等转变为电子图像文件，不能将纸质档案上的文字信息进行完全处理；数字化的深加工则是利用技术含量较高的语言识别处理技术获取载体档案中的文字信息，方便提供全文检索。

（二）馆藏档案信息数字化的业务流程

数字化的预处理。预处理是数字化加工的第一步，其主要的工作是将馆藏的实物档案，比如纸质档案、录音、录像、照片、微缩胶片等按照数字化加工的轻重缓急原则进行筛选，然后再按照下一步数字化处理工作的具体要求做拆分、分类、整理、模数转换等处理工作。此环节中的安全风险主要来源于公共环境等人为因素，主要安全任务是防火、防抢、防盗、防泄漏以及防止因错误操作而导致档案受损的事故的发生。因此，该阶段采取的安全防范措施是：按照加工工序制定严格的安全管理制度，明确各项工作的岗位职责，并严格监督执行；启动档案馆的安全监控系统，实行实时监控，一旦出现问题应立即采取措施。

数字化加工与转换。就是将传统的档案转换为数字形式标识的档案信息资源，其主要工作包括纸质档案的扫描、录音、录像、数码拍照的数字化转换以及微缩胶片的数字化等。本阶段安全问题主要是加强对损坏程度比较严重的纸质很薄、很难直接进行扫描或者无法采取扫描方式进行数字化的历史档案的处理。本阶段的安全重点是数字化过程中原件的保护，必须在大量实践经验的基础上，选择科学、合理的数字化加工与转换技术与指标开展工作。

信息的处理。信息处理的主要工作是将数字化后的图像文件、多媒体信息等与档案的著录信息进行关联的重要过程，也是整个数字化工作的重要内容。首先是档案资源的编目、标引等基础数据的录入和处理等工作，将图像与多媒体文件对照原始档案而进行的核对、压缩等处理工作，无论是纸质档案还是录音、录像档案，通过模拟到数字化的转换后，都可能造成一定程度的数据丢失或信息失真。因此，本阶段的安全重点是保证档案数字化后能够被存储、保存和利用，并考虑如何将失真度降到最低的问题。

信息的存储。经过处理的数据需要存储到网络环境中并提供利用，而不仅仅是存储在光盘上保存在库房做档案备份。因此，应根据数字化的存储容量及网络化的利用要求，选择网络存储设备、考虑数据库与电子文件存储和被访问的方式，这一阶段安全的重点是考虑电子文件的存储和保管的安全模式，严格按照档案管理的标准开展规范化操作。

信息的利用。这一阶段将采用计算机应用软件系统，按照档案法及本单位的管理规范，将数字信息发布到网上，并提供不同网络范围内的不同数据内容的档案利用。本阶段安全防范的重点是：系统用户权限的严格管理，对访问系统中用户身份的严格认证以及内外网计算机之间的访问、控制等安全问题，同时还要严格管理网络上各服务器、客户端等计算机系统，并防止应用程序受病毒的感染、网站受黑客的攻击等问题的发生。

（三）馆藏档案信息数字化方案的确定

选择什么样的方式是进行馆藏信息数字化的关键。由于档案馆保存的档案数量众多，不同档案的价值信息和开放利用的时间不同，对不同档案的保密程度也各不相同，因此在档案信息化之前，档案馆必须确定哪种信息可以数字化，哪种档案信息资源目前不需要或者暂缓数字化，哪些资源应优先数字化。最后选择何种方案，应当紧密结合馆藏的具体情况和社会利用发展趋势做出判断。目前主要有以下几种形式：

全部馆藏数字化。采用此方式是将传统的档案馆全部馆藏信息数字化，建立数字档案馆，继承传统档案馆的全部信息资源。这是理论上最彻底的数字化方案，对利用者来说是最理想的。这种方案比较适合那些馆藏档案数量较少，开放档案占据馆藏档案绝大多数的档案馆。对于那些馆藏数量众多，利用率较低，且档案数量大、需要控制利用档案的数量较多的档案馆，从降低成本和效益的角度来考虑，不一定是最佳策略。

高利用率馆藏数字化。这种方案在一定程度上可以起到降低成本、提高效益的作用，但具体实施有一定的困难。一般来说，不同用户所需要的档案信息，在范围和重点方面有不同的特点，且对不同类型的档案信息的使用频率也不同。另外，一部分高利用率的档案具有时效性，因此档案馆向利用部门提供一份较长时间的反馈报告，可能有助于对馆藏高利用率档案的合理选择。

珍贵馆藏数字化。从理论上说这是最合适的方案，其难点是对"珍贵档案"必须具有可操作性的诠释，这种可操作性应是建立在对馆藏档案资源熟悉和价值判断的基础上。一般来说，那些高龄档案，涉及某一地区重要机构、重大事件和重要任务的档案，在同类档案文献中较为稀少的档案等，都可以列入珍贵馆藏之列。一般来说，这部分档案的利用率是很高的。

即时利用数字化。即对部分档案并不数字化，只是到利用时才进行数字化。这是最具功利色彩的"用户至上"方案。所有用户不需要的馆藏均被排除在外，这是该方案最突出的优点，但也是最致命的弱点所在。用户的即时需求有很大的偶然性，过分考虑这一需求，无疑会提高档案馆数字化的经济成本。

总之，选择什么样的信息化策略应根据实际需要来定，不考虑实际需要单纯地选择某一种方案都会导致片面，如何兼顾馆藏具有永久价值的档案和用户当前的信息需求，将几种数字化的方案有机地结合起来，才是馆藏档案数字化的最佳方案。

四、数字档案馆信息化建设

广义的数字档案馆是指存储、利用档案信息资源的信息空间，是一个由众多档案资源库存、档案信息资源处理中心、档案用户群构成的数字档案馆群体。这个数字档案馆群体是建立在现代信息技术普遍应用的基础上，利用数字化手段，以综合档案信息资源为处理核心，对数字档案信息资源进行收集、管理，通过高速宽带通信网络设施相连接和提供利用，实现在线资源共享的超大规模、分布式数字信息系统。简单说，就是利用电子网络远程获取档案信息的一种方式。因此，广义的数字档案馆不是一种物理存在，而是一种虚拟的信息组织与利用环境。

狭义的数字档案馆是指某个具体的个体档案馆，除了馆藏档案数字化外，还涉及档案信息的采集、整理、存储、检索、传递、保管、保护、利用、鉴定、统计等全过程，代表的是一种信息环境和基础设施的构建，包括软硬件系统的设计和组织实体的建立，具体内容有：对应归档的电子文件及其元数据开展馆藏档案的数字化，实现馆藏各种档案实体的自动化管理，以网络连接并提供各类档案信息资源，组织对数据的有效访问。

数字档案馆信息化的特点：第一，接收档案的数字化程度高，即档案馆可以及时对电子政府和立档单位的电子档案、电子文件实行卸载报盘接收，或网络在线接收。第二，档案信息在线共享程度高，即不仅可以接收在线的网上信息，而且可以与众多的档案信息资源库相连接，或借助档案目录中心的构建形式，实现广泛的信息资源共享。第三，对不同信息技术的容纳程度高。数字档案馆以信息技术为基础，充分利用了多媒体信息处理技术、数据库技术和内容的检索技术等。第四，实体档案的数字化程度高，即利用者借助计算机检索系统，可以实地或在线查阅到丰富的档案目录信息和档案全文信息。

数字档案馆建设的内容十分广泛，其主要的建设内容主要有基础设施建设、应用系统建设、信息资源建设和标准规范建设。

基础设施的建设。数字档案馆与一般的档案馆相比具有海量存储、用户多和长期接收服务请求等特点，需要稳定可靠、可扩展的运行系统做保障。基础设施建设包括网络更新建设、硬件更新建设和系统软件建设等。数字档案馆网络工程的建设根据服务对象的不同可分为三个层面，即档案馆内部网、与政府各职能部门相连接的政务网和与互联网连接的外部网，这三网之间适应物理隔离，并各司其职。硬件设施主要包括数字化加工设备、网络设备、服务器、存储设备和输出设备。系统软件包括计算机的监控管理程序、调试程序、语言翻译程序、数据库管理程序、数据通信程序及操作系统，其中计算机操作系统是系统软件的核心，它独立于计算机，是控制和组织计算机活动的一组程序，是用户和管理的接口，是整个系统运行的基础。

应用系统建设。数字档案馆的应用系统是一个可根据需求进行扩展的网络应用系统，其功能通常包括档案的数字化加工，档案信息的收集、录入、检索、利用、编研，具有可扩展和使用特性。应用系统的开发必须具备开放性和扩展性、易用性和易管理性、稳定性、安全性等。

信息资源建设。信息资源是数字档案馆的核心资源，因此信息资源的建设是数字档案馆建设内容的核心。信息资源主要来源于传统档案馆馆藏、各立档单位的材料、专题信息数据和政府公开信息等。

传统档案馆收藏的大量纸质、声像、微缩等传统介质的档案资源是数字档案馆重要的信息资源。通过多媒体技术和数据压缩技术等手段，将可以公开的馆藏载体的各种文献数字化，能充分发挥档案馆的资源优势，加强数字档案馆的资源建设工作。除传统介质的档案文献外，各传统档案馆馆藏的各种在电子环境中生成的电子档案也是数字档案馆的重要采集范围。

各立档单位的档案文献和目录也是数字档案馆的重要收集内容。随着办公自动化的广泛普及，各立档单位产生出大量的电子文件和电子档案，按照档案移交的有关规定，按年限通过网络或介质向档案馆移交，其中包括档案文献全文或文献目录。

专题档案数据已经成为档案馆资源建设的新生力量，其中包括各种备受社会关注、社会利用需求集中的、具有档案性质的政府或行业信息。专题信息数据包括全文信息和目录信息两种，且大多以电子形式报送传统档案馆。

政府公开信息。各政府职能机构现实产生的可公开政府信息，尤其是其中的行政规范性文件易被社会各界所关注，其查阅量之大、需求之集中、访问量之多，在一定时间段内，已经接近甚至超过档案文献的利用率。政府公开信息大多生成于电子环境中，并且以电子文献形式报送传统档案馆，所以将越来越成为数字档案馆资源建设的重要来源。

标准规范建设。标准规范是实施数字档案馆工程的重要基础之一。面对数字档案馆资源形式的多样性以及社会对数字资源共享要求的广泛性，传统档案馆应根据国际标准和通用标准规范，确保数字资源内容的长期保存、数据交换、资源管理和安全实用。一个完善的标准、规范体系的制定，应借鉴国内先进的相关标准、规范，考虑国家之间信息化接轨，优先采用相关的国际标准、规范，并在使用过程中进行必要的本地化工作。数字档案馆的标准化建设包括管理性标准规范、业务性标准规范和技术性标准规范。

第四节　档案信息化管理与建设的原则

档案信息化建设是档案部门为了适应社会信息化建设的需要，根据社会对档案信息资源的利用需求，通过利用现代计算机技术和网络技术，将反映馆藏档案内容和形态特征的目录信息以及部分馆藏档案主题的信息进行数字化处理，以数字化的方式，方便快捷地为社会各界所利用的过程。这一过程涉及大量的信息资源的著录、部分档案信息资源的整合等基础性的工作，也涉及按照各种不同的信息的检索利用等要求进行一系列方便系统利用的系统功能的开发工作，因此在人力、物力上必然会进行较大的投入，是一项十分庞大的系统工程。

档案馆信息化建设的具体措施，必须在科学、缜密的思想指导下进行，才能少走弯路，以较少的投入，取得最大的效益。在实际运行过程中，这些缜密、科学的指导思想是根据社会信息化发展的一般规律，并结合档案信息化自身的特点总结和提炼出来的，在具体实施档案信息化建设过程中，这些科学、缜密的指导思想便转化为必须遵守的原则。因为档案信息化建设本身是社会信息化的一个方面或一个组成部分，因此社会信息化实施所应遵循的原则，同样适用于档案信息化建设，如信息共享原则、以人为本原则、信息化建设可持续发展原则等。下面所阐述的几项原则，主要是针对档案信息化建设而言，即在考虑信息化建设固有规律的同时，要注重档案馆自身信息化建设的特点。

这些原则有的已被其他行业信息化实践证明是行之有效的，有的则被一些档案部门已有的实践所检验，因此贯彻这些原则，对于确保档案信息化建设的顺利进行和收到实效，具有十分重要的意义。当然随着档案信息化建设的不断深入，这些原则所包含的思想和理念也将不断地丰富和发展。

一、协调发展的原则

档案信息化作为一项规模庞大的系统工程，从工程的组织实施来说，其固有的规律是各个子系统之间必须协调发展，这是档案信息化建设必须遵守的一项基本原则。

（一）同档案馆的基础工作协调发展

档案信息化建设需要进行大量的基础工作。其主要的工作在于各种档案信息的加工和集成，离开了这些基础工作，档案信息化建设就成了一句空话。因此，档案信息化建设必须贯彻同基础工作协调发展的原则。在基础工作中，档案信息的著录和输入是最基本的内容。档案信息的著录根据利用的要求可以有多种形式，通常用的是档案著录和文件级档案著录。

档案案卷级著录体现着国家的有关政策，对一个案卷的内容进行著录，产生几项重要的知识性信息，从而揭示这一案卷在内容、载体方面的重要特征。

文件级著录级别较高，针对性较强，因此，在著录过程中投入的人力、物力也相对较大。因此，对于一般的档案馆一般并不要求一定要实行档案馆藏的文件级著录，可以根据实际情况进行分步实施，可以选择一些比较重要的档案进行文件级著录。对于档案馆藏较少的档案馆，在人力、物力条件允许的情况下，则可以考虑实行所有文件级著录。信息的输入包括已经著录的文件级条目和文件级条目的输入，也包括档案信息的全文扫描输入和相应关系的建立。这些工作从技术层面上并不复杂，但由于工作的程序复杂，工作量较大，因此在信息化实施的过程中绝对不能忽视，必须与基础工作同时考虑，严防由于基础工作没有及时完成而影响了整个信息化建设的进程。

（二）同信息技术的开发利用协调发展

信息技术的综合利用是档案信息化建设的难点。信息技术的综合利用，包括各种信息软件的开发、硬件配置的集成、网络环境的构建。大量实践证明，信息化能否取得实效，其预期的效果能否达到，系统软件的开发和利用十分重要，信息化建设的先进性就在于此。同信息技术的开发协调发展是指，要充分重视与信息化建设密切相关的系统软件开发和应用的重要性，在考虑做好丰富馆藏和加强著录信息化前期工作的同时，必须把实现效能的系统开发软件放在重要的位置，加大投入的力度，进行广泛的调研论证。

在进行系统软件开发过程中，我们应积极采纳先进的技术成果加以利用。然而信息技术的不断发展变化，任何最新技术都是相对的，因此在新技术的应用方面，我们必须面对现实，实事求是。我们必须认识到系统软件开发完成后，其功能的不断完善还需要一个渐进的发展过程。而系统的开发者多数是对档案业务不熟悉的计算机技术人员，他们对系统软件的需求、结构和功能的认识有一个逐步深化的过程，而信息技术的实现是各种设想和技术整合后的具体体现，因此许多技术软件在当初开发时都还不十分成熟，需要在以后的实践中不断地补充、发展和完善。因此，在信息化建设过程中，切实贯彻同信息技术的开发、利用、协调发展的原则十分必要。

（三）同馆藏信息一同协调发展

档案信息化的根本目的是实现资源的社会共享，决定档案信息的功能和作用的发挥是看资源本身给社会提供了多少有价值的信息，所有这些都取决于档案馆藏的数量和档案资源的丰富程度。如果一个档案馆的馆藏达到一定程度，结构也比较合理，信息的种类也比较齐全，那么信息化就有了比较好的资源基础，在实施信息化的过程中不会感到在档案的门类等方面存在较大的缺憾。反之，如果一个档案馆本身的数量有限，资源的种类单一，再加上自身结构的不合理，那么信息化的发挥将会受到很大阻碍，因此在信息化之前，档案馆自身馆藏的实际情况是一个必须考虑的基本因素。由于历史原因，我们无法改变档案馆已有的馆藏，但我们可以扩充现有馆藏的品种和数量，可以通过征集等措施尽可能增加馆藏的数量，达到档案信息的多门类、多品种，为档案信息化建设提供较为丰富的资源基础，避免因为馆藏不足影响信息化建设的进程。

（四）同实际应用协调发展

档案信息化的目的在于利用，不是为了信息化而信息化，因此，在信息化的过程中必须贯彻同档案利用工作协调发展的原则。也就是说，必须以社会对档案利用的需求为导向，来规划和调整信息化的实施步骤。一方面，要以利用率高的信息作为信息化的重点内容，使信息化有一个牢固的使用基础，充分显示其对社会的适用性；另一方面，要根据社会利用需求的发展趋势，进一步扩大档案的利用范围，充分发挥档案信息的内在潜质，对信息化建设做全面的统筹和规划。另外，档案信息化建设是一个长远发展的战略性建设，其信息化的过程也是一个动态的发展过程，我们必须对信息化做出一个长远的发展规划，必须根据社会对档案利用的需求变化，对要调整的档案门类和品种进行及时的调整，避免关起门来自己建设的封闭做法。因此，信息化建设要贯彻协调发展的原则，就必须重视信息化建设同实际应用协调发展的原则。

二、分步实施的原则

档案信息化建设是一项庞大的系统工程，不可能在短期内完成，由于各地档案馆的实际情况不同，有的档案馆的信息存储量多，信息化需要投入的人力、物力较多，同时由于计算机技术的发展变化较快，实现信息化在硬件上的投入较大，也不可能一步到位。因此，信息化建设必须实行分步实施的原则。它的实施包括信息资源的分步实施和系统功能的分步实施两部分的内容。

信息资源的分步实施。档案目录信息资源的建设是信息资源建设的重要内容之一，它建设的主题内容包括本身的馆藏目录和本地区所用的档案目录建设两部分。这两部分资源覆盖的范围不同，基础条件也不同。对于建设本馆所藏的档案目录来说，需要从馆藏结构特点出发进行规划和设计，提出整体规划和设计要求，然后组织实施。对于覆盖地区范围的目录中心，由于地区方位内各档案机构的基础状况不同，目录的数据结构不同，首先，要对能够在同一平台上运行的目录进行整合和转换。在整合转换的过程中需要解决许多技术问题，必须以科学的态度逐一加以解决，在构建目录中心时，必须根据具体情况制定具体措施，分步组织实施。其次，对于那些基础性、专题性和全文信息的实施步骤，一般是把基础性的信息作为信息化的第一步内容；把专题性的信息作为信息化的第二步；把全文性的信息作为信息化的最后内容来处理，这也是根据信息实际操作方便的难易程度以及人力、物力的投入多少等因素综合考虑后，来实施的分步策略。

系统功能开发的分步实施。档案信息化的利用在很大程度上取决于系统功能软件的实现，关系到以计算机技术的应用为主题的系统功能的开发。一般的开发原则是，考虑到系统开发的费用巨大，计算机技术的迅猛发展，系统功能的开发可采用分步实施的原则，急用、利用率高的先开发，拓展性功能可以延续开发。系统功能的分步开发在经济上可以避免一次投入过大的开发经费，减轻经济上的压力，在安全性上可以防止重大失误而导致整个信息化实施的重大挫折，从系统功能的最佳实现来说，由于采用了不同的计算机技术，有利于技术的及时更新，保证系统功能与最新技术的接轨。

三、安全的原则

档案的安全管理是信息化建设的首要前提条件。档案安全本身的重要性是由档案本身和档案管理的性质所决定的，档案信息化的建设必须充分考虑到安全问题，正确处理好方便、高效与安全管理的关系。一般来说，数字化的档案存储应该使用带自动备份功能的服务器，配置备份信息设备，如光盘库、专用网络存储设备，对备份信息实施迁移。同时，使用安全介质定期刻录备份信息实行异地保管。

数字档案的安全保障必须建立严格的管理制度和操作规范，必须实行有效的网络安全措施，必须采取严格的授权管理系统。安全保障的原则主要包括：①密级区分原则。即对密级档案实行物理隔离并落实责任到人。②内外区分原则。将开发档案信息与内部业务运行过程的信息实行隔离。③用户区分原则。将档案管理人员和档案形成人员、内部用户和公共用户加以区分。④系统区分原则。将档案信息管理系统及其网络化归档、信息共享、辅助决策等子系统加以区分。

四、应用性原则

档案馆在实施信息化管理与建设的过程中进行的馆藏档案的信息资源整合和集聚，建设档案信息资源共享体系时，其主要任务是将能揭示和反映档案主要内容和原形特征的目录信息、相关原始档案信息，经过现代计算机技术的应用，进行海量存储，并通过多种检索途径，顺利实现快速直接查阅利用。要取得这些海量档案信息利用的理想效果，涉及很多的工作环节，需经历多个阶段。一般将档案信息资源的整合和开发作为信息化的前处理工作，不管前处理工作多么复杂，其最终的目的是实现档案信息工作的有效利用。为此，档案馆在实施信息化建设过程中，首先应该贯彻的原则是实用性原则。实用性原则的指导思想，是所有在信息化过程中被整合处理的档案信息，必须能够适应各种利用需要。也就是说，档案信息化必须以社会各方面在相当长一段时间的利用需要为原则。

获取知识的第二课堂。档案馆除了具有查考和存史的功能外，还具有传播知识的功能。档案馆蕴藏着丰富的馆藏文化以及本地区经济社会发展的档案资料，这些丰富的档案资料对于社会公民以及青少年了解本地区的文化发展来说都是不可多得的珍贵史料。

我们可以把档案馆当作是学生获取知识的第二课堂，这样既能使档案馆的信息功能得到延伸，也避免了信息资源的浪费。因此，在信息化构成中应注意把知识性的信息放在首位，这一崭新的课题对于档案部门是一个新的挑战。因为以往的档案馆主要是供查找资料之用，所以在查找接待方面积累了丰富的经验，而对档案馆作为获取知识的场所则是一个全新的管理课题。对此档案管理者必须树立全新的管理理念，从适用于知识获取方面考虑，可以将档案信息中具有知识性的信息有限信息化，比如反映本地区社会经济发展的信息资料、反映本地著名人物的历史传记以及具有历史渊源的档案史料等，都可以作为开辟第二课堂的生动教材，这些史料对于当地居民和青少年了解当地的历史具有十分重要的学习价值。

在档案信息化建设与管理过程中，凡是有关当地物质文明建设和人文发展历史方面的档案信息，都可以作为知识性的信息加以知识化，以适于社会大众特别是青少年知识获取利用的需要，同时也是档案馆为当地的精神文明建设做出的积极贡献。

为领导的决策起助手和参考作用。科学的决策源自科学的管理，科学决策是科学管理的重要手段，也是各级领导组织管理实施各项大型工程或推进建设事业全面发展的先决条件，同时也是提高执政能力的重要措施。科学的决策需要有充分的科学信息，经过周密的论证最后做出科学的判断，形成科学的决策。因此，充分获取各种信息对于领导做出科学的决策十分重要。

档案信息记录了以往历史活动的进程和结果，是前人智慧的结晶，同时也积累了丰富的经验教训，所有这些宝贵的信息资料对于领导做出科学的判断具有重要的参考价值，这些信息可以开阔领导者的眼界，借鉴前人的经验和教训，以便在前人成果的基础上进行新的突破。总之，丰富的档案信息对于各级领导进行科学的决策具有十分重要的参考和借鉴意义。因此，档案管理部门在信息化的过程中必须把适应于领导决策参考的信息放在首位，在进行信息化过程中，应该将那些能够为领导决策提供借鉴作用的档案信息资源进行整合，在考虑和设计信息检索的途径时，应该把方便寻找和挑选有助于领导决策的信息放在重要的位置，为这些信息的检索提供方便快捷的查找方式。

为科学研究提供重要的参考。科学研究是人类社会不断发展的原动力。科学研究需要大量的信息资源,特别是社会科学的研究,其研究的主要内容多为社会的政治、经济、文化和社会发展方面的内容,更离不开档案馆的信息资源。因此,把适应于科学研究作为档案信息化必须遵守的规则,是档案馆信息化建设所要重点考虑的内容。档案信息化要适用于科学研究,就必须将那些具有研究价值或者能够提供可持续研究对象的原始材料的档案信息进行信息化。这类信息从大的方面来说,包括的内容十分丰富,它不仅包括经济发展的基础数据,也包括政治、文化以及生活各个方面的详细资料。科学研究所涉及的信息面非常广泛,因此所使用的信息更是包罗万象,但由于各个时期社会的研究会有不同的侧重点,因此我们应根据社会研究的需求采取分步实施的原则,即对于档案科学研究急需的资源应首先进行信息化,及时准确地为科学研究提供参考资源。

成为爱国主义的教育基地。随着社会的不断进步,档案馆的职能不仅仅局限在提供需要查找的历史资料,还肩负着进行爱国主义教育的重要任务。档案馆应充分挖掘自身的教育潜能,对社会特别是对青少年开展爱国主义教育、革命传统教育,把档案馆办成爱国主义的教育基地。国家档案局适应这一形势,提出了把档案馆建成"一个中心、两个基地"的要求。这两个基地其中一个就是爱国主义的教育基地。因此,档案信息化必须服从于爱国主义教育基地的建设要求,坚定不移地贯彻开展社会教育的原则。

从这一原则出发,在实施信息化建设与管理过程中,对具有教育功能和作用的有关信息档案进行整合、处理以及建立专用的检索渠道就显得十分必要。这就需要从档案信息中挖掘具有教育意义的信息。例如,反映本地区反封建的历史进程的史料,人民群众的各种创造性的成果以及反映在各个历史时期所发生的重要而深刻的变化和取得的巨大成绩的信息等。考虑到爱国主义教育基地的建设和影响,除了文献信息外,也可将这些史料制成专题片或光盘配送到各个学校,使这些珍贵的史料更贴近生活,使青少年在潜移默化中受到爱国主义教育,增强他们的民族自豪感和自信心。

业余休闲的需要。随着社会经济的不断发展,人们的文化需求也在不断发展并呈现多元化,休闲活动正成为一种时尚开始流行。在一些发达国家,民众文化休闲已经开始从图书馆、博物馆向档案馆延伸。因此,前来档案馆利用档案必定是有专门目的的习惯正在被打破,休闲型利用已经成为一种时尚行为,读者可以在休闲的环境中得到文化熏陶和审美享受。

在国内,近年来档案界的一些有识之士也开始重视这种发生在档案馆的新的利用方式,并呼吁尽快建立相应的环境和机制,促使这种休闲型利用成长起来。为此,在档案馆实施信息化过程中,应该看到这种虽处于萌芽状态的社会需求可能随着社会经济文化的快速发展而快速成长。休闲利用与其他利用相比有它的特殊性。由于这方面的利用目前还没有很好地开展起来,所以我们很难对这方面的需要归纳出一些规律性的东西。但我们可以从图书馆、博物馆、展览馆方面汲取营养,深入思考,进行借鉴。

休闲作为人们的一种生活方式,历史悠久,而文化性的休闲活动也必定有其自身的规律。既然是休闲,就同正规的工作完全不同,它可以没有目的,随机而来,在这里转了一圈后，得到了美的享受，精神上得到了某种启示与升华，得到的是精神上的休息与放松，也是一种收获。基于这样的认识，我们在实施信息化时，应该重视将那些具有可读性、知识性、趣味性、观赏性、珍贵性的档案信息优先予以信息化，以吸引和满足潜在的休闲利用的需要。

五、效益原则

档案信息化建设和管理要贯彻效益的原则，这种效益主要是功能效益和利用效益。

（一）系统功能效益

在一定程度上系统的功能状况是衡量信息化是否达到了预期效果的一个重要指标。信息化能否顺利进行和运转，很大程度上取决于信息化功能的实现程度。信息化投入最大的经费是在系统功能的设计、开发以及硬件设备的配置上，因此，信息化功能的显示不但包括系统功能覆盖的全面性，操作维护的方便性，系统运行的快捷性、安全性等，同时也包括整体功能的先进性和稳定性。一个系统如果达到了以上方面的要求，我们可以认为它是成功的、有效的，否则这个系统就是失败的。

（二）利用效益

利用效益指的是信息化系统能够进行各种专职性信息利用的程度。一般来说，满足度与针对性效益是成正比的，既满足度越高，其针对性效益也越高；反之，满足度越低，针对性效益也越低。这种满足度主要取决于信息积聚的覆盖面以及新增信息的周期性和及时性。由于社会对档案利用的专职性需求经常处于动态变化中，这就决定了信息的积聚和扩充也处于动态的变化之中，即能够把社会的有用信息增补进整个信息系统，最大程度地满足专职性、特殊性信息利用的需要，提高信息利用的针对性。

（三）成本效益

档案信息化建设管理是一项长期的系统工程，特别是网络技术的运用，使整个系统的结构更加复杂，技术含量更高，因此在对系统进行使用和管理上，除了对管理人员有技术要求外，在经济上也需要投入相当大的成本。一般系统维护和管理的成本效益主要包括两个方面：一是系统建设必须建立在科学和可靠的基础上，即必须有比较成熟的技术做支撑，确保系统建成后日常的维护和管理能够以相对较低的费用加以维持，而不会出现系统的功能发挥还算可以，但系统维护的庞大开支却难以支撑的情况，或者是系统建设先天不足，使用中毛病百出，致使在维护和管理上不断增加投入。二是系统的建设必须考虑今后功能的扩充和设备的升级。也就是说，系统在建设的过程中必须考虑以后系统升级的兼容性。如果一个系统建设得很好，但生命周期很短，几年之后就无法扩容，原来的系统就无法使用，只能购买新的系统，那么这样的系统建设就没有贯彻成本效益的原则。也可以说，这样的系统是不成熟的，是不能被市场所推广和利用的。

在信息化建设管理过程中，我们应始终贯彻效益的原则，这样可以使我们投入少量的资金，取得较好的经济效益，产生出预期的效果，从而使档案信息化建设进入良性的发展轨道，加速信息化建设持续、稳定、健康地向前发展。

六、社会化原则

档案信息化建设管理涉及的范围广，工作难度大，需要的技术力量相对较强，这就决定了档案信息化建设仅仅靠档案馆自身的力量是远远不够的，必须依靠外在的社会力量才能担负起信息化建设的各项任务，这种依靠外在社会力量的做法，就是社会化原则的具体表现。

（一）建档的基础工作的社会化

建档的基础工作主要指各种原始档案信息资源的加工、整合和存储。由于档案馆的信息利用比较广泛，内容也相对较多，因此这方面的工作量也相对较大，面对比较丰富的馆藏资源，要想进行信息化建设，仅仅靠档案管理人员去做是远远不够的，必须借助社会的力量来完成。比如，把档案数据录入的基本工作承包给专业公司来做，聘请有丰富经验的档案管理人员来帮助进行档案文件的著录工作等。档案馆要加强技术指导和质量的监督，把好质量关，这样大大减少了档案馆的建档工作任务，也使档案馆的工作人员有更多的时间钻研业务，在时间上保证了档案信息化的历史进程。

（二）系统的开发社会化

由于档案馆缺乏专业的软件开发人员，因此档案信息系统的开发必须依靠社会上专业的开发公司才能完成。在这个过程中，关键是要选择社会信誉好、技术力量雄厚的开发公司作为合作伙伴，现在比较可行的方法是通过招标的形式确定合作伙伴。但并不是说档案馆就没事可做，由于系统的开发涉及专业的档案管理的应用，一些开发公司并不了解档案管理的业务，因此在借助社会力量进行开发的过程中，应该派有经验的档案管理人员积极参与，了解整个开发过程，特别应该注意掌握和了解一些程序技术的关键点，防止在今后的使用中一出现程序问题就束手无策，同时也防止在今后的使用中被开发商牵着鼻子走的被动局面。这样也为以后本单位自己升级换代软件打下良好的基础。

（三）系统管理的社会化

随着 IT 行业的不断发展，近年来软件公司也拓宽了服务业务，开始接受管理系统的委托服务。对于一些比较小的档案馆可以考虑采取委托管理的办法来进行信息系统的日常维护和管理。这种委托公司的做法好处是：可以节省人力，弥补单位人员不足的缺点，同时可以节省在系统维护方面的经费开支，系统出现什么问题都由托管方负责处理。从不利的方面考虑：主要是缺少了使用的自主权，在信息扩容、系统升级和更新方面不能及时进行，需要和委托方商量才能解决，在一定程度上制约了信息系统的拓展。如果寻找的软件公司人力缺少、业务繁忙或技术力量不十分强，那么整个系统的升级运作将会受到阻碍。但委托服务作为一项社会化的内容有其存在的合理性，并且今后随着第三产业的不断发展和壮大，社会监管力度的不断加强，社会服务质量的不断提高，IT行业服务领域的拓展和完善以及档案管理人员的进一步精简，系统管理的社会化服务必将得到进一步发展，服务行业在运行的过程中出现的一些弊端会不断得到改进，相信服务行业必将为信息化的发展起到积极的推动作用。

七、数量和质量统一的原则

数量和质量相统一，是我们开展各项工作经常要遵循的一个重要原则。在档案馆信息化建设管理的过程中，同样必须遵循这一原则，而且更具有现实的意义。档案馆信息化功能和作用的发挥，十分重要的一个因素是整个系统必须达到一定的信息量，也就是说信息化首先是以一定的信息量为基础的。只有把其中不同门类的信息积累在一起，能够满足用户不同利用的需要，才能真正显示出信息化的优越性。但是集聚的这些新信息必须是有一定质量的信息，这就决定了档案馆信息必须遵循质量和数量相统一的原则，这一原则不同于传统意义上的数量和质量统一的概念，而有其很强的针对性。主要体现在以下三个方面。

（一）基础信息数据数量和质量的统一

在档案馆信息化建设的过程中，如果整合和存储的基础性数据，如案卷级目录、文件级目录等没有达到相当的数量规模，所谓的信息化将大打折扣。如果有了数量庞大的基础性数据，这些数据的质量却有问题，将会直接影响信息检索的正确性，严重时将影响信息检索的顺利实现。就信息化功能的实现来说，基础数据的数量决定和限制了信息化的辐射面，而基础数据的质量将决定和限制利用者直接的利用效果，因此，数量和质量的保证，是确保信息有效检出和利用相辅相成的两个方面，必须高度重视。为贯彻这一原则，在实现信息化的过程中，既要考虑使基础数据的整合和存储达到一定的存储规模，同时必须严把质量关，确保每一条基础数据都符合规定的质量标准，使整个信息系统的功能得到最充分的实现。

（二）系统功能与系统稳定运行的统一

人们在实施信息化建设的过程中，通常希望所建立的系统具有多方面的功能，能够满足多方面的要求，这可以说是对系统功能作用发挥的数量要求。而从信息化能够收到实效的实际经验来看，整个系统的稳定运行，确保其设计的功能能够实现也很重要，这可以说是对系统平稳运行的质量要求。而在实际过程中，系统多项功能要求的实现，同时也给系统运行本身带来很重的负担，它对系统的稳定运行是一种负担，同时也是一种威胁。所以，新系统功能的强大和系统稳定运行通常是信息化过程中突出的矛盾。

一个功能强大而又运行稳定的系统是人们所期待的，但实现这个愿望通常充满风险和压力。也就是说，越是功能强大的系统，要保证其稳定运行，付出的代价就越大，负担将也就越重。为此，需要在实际建设中正确把握好系统本身建设的数量和质量要求，既不能好高骛远，不切实际地要求系统具有多方面的功能，也不能因陋就简，在低水平上重复；既要有创造性，敢于突破，又必须扎实稳妥，注重实效，以确保系统的多功能性和稳定运行达到圆满的统一。

（三）经费投入的数量与信息化建设的质量相统一

档案管理中的信息化建设管理是一项规模宏大的工程，是一项需要投入巨额经费的建设，必须贯彻因地制宜原则，确保投入的经费能取得理想的效果，防止过分贪大求全，不计成本，忽视效果的做法。为此，在信息化过程中需要制定严格的制度，通过信息化系列环节，对经费投入后建设的质量进行检测和评估，对于质量达不到要求的要采取措施加以整改，以确保工作质量。同时，按照经济管理学投入产出的原理，对于信息化所做出的巨额投入，应该要求有相应的产出。

当然，由于档案信息化作用的发挥在很大程度上具有公益性，不能简单以经济收益的多少来要求和衡量其产出的效能，而应该从社会效益和经济效益两方面来综合评估所产生的效能。比较而言，档案馆所固有的特点，决定了社会效益的产出将是对档案馆信息化评估的一个重要方面。此项内容的贯彻，对于避免考虑不全所造成的浪费，防止没有经过科学规划和严密论证而盲目建设和决策失误等带来的损失都具有十分重要的意义。

第四章　信息存储概论

第一节　信息存储的发展与类型

信息的表现形态很简单，主要是数据、文字、声音和图像。远古时期，人类主要依靠大脑来记忆和保存信息。一个人的大脑大约可存储 10^{12} 个信息。但是，人们很早就知道单凭脑子记忆是不够的，因此，最初人们还借助一些实物如不同形状和色彩的石块、在绳上打结等进行记事，可以认为这是信息存储的开始。文字的出现、造纸术和印刷术的发明，使信息存储技术得到了飞速发展。直至今日，在纸张上书写或印刷信息的方式仍然是人们普遍采用的信息记录方式。

随着科学技术的发展，社会信息量剧增，信息资料的飞速增长已成为当今社会的一大特点。据统计，科技文献资料的数量约每七年翻一番，一般的情报资料以每隔 2~3 年翻一番的速度增加。由于纸张存存储在体积大、查阅速度慢和维护不便（要防止纸张受潮、霉烂和虫蛀）等问题，用纸张存储信息的局限性越来越明显地暴露出来。

光学仪器的发展和照相技术的进步使缩微胶卷在信息存储中得到了应用。20 世纪 40 年代发展起来的缩微技术能在按动一次快门之际捕获大量详尽的资料信息，把它们记录在非常小的面积上（如将一页文字记录在 $1\sim2mm^2$ 范围内）。此外该技术还具有成本低、复制方便、寿命长和易于保存等优点。

目前，图书馆等信息资源部门已广泛采用缩微胶卷存储图书、资料、文献、档案。缩微胶卷的缺点是胶卷上的疵点和划痕极易产生错码，不宜存储二进位数据。此外，胶卷需要显影定影处理，难以做到实时存取和随机存取，因此不便于和计算机联用。

1951 年，为了能使计算机实现程序存储，首先出现了水银柱延迟线存储器。以后不久，研制出了阴极射线管存储器和磁鼓，其中磁鼓多用于主存储器。这个时期的特点是，所研制的存储器都基于完全不同的原理。水银柱延迟线存储器是利用水银槽内超声波传播的存储器。阴极射线管存储器是将由电子束存储在荧光屏上的电荷用邻近的平面电极进行存取的存储器。磁鼓存储器是利用磁化状态来存储信息的存储器，但是只能作为廉价的主存储器。这种存储器逐渐由磁芯存储器所取代。

20 世纪 60 年代，计算机信息处理技术得到迅速发展和推广，从而促进了各种存储技术的发展。1963 年前后，开始采用磁芯存储器。在磁芯存储器中，存储一位信息用一个具有方形磁滞特性的铁氧体磁芯，根据剩余磁通的方向使之对应于"1"和"0"。由于磁带可以脱机，所以可认为磁带是存储容量不受限制的存储器，其主要缺点是存取时间较长。

1970 年前后，已开始使用磁盘存储器。这种存储器具有利用浮力使磁头旋转表面的距离大致保持一定的浮动磁头，沿半径方向移动磁头便可选择磁道，可进行准随机存取，因而计算机系统成了文件的中心。

另外，随着集成电路技术的发展，比磁芯存储器具有更短存取时间的半导体存储器迅速地发展起来。1980 年前后，在主存储器中正式采用半导体存储器，磁盘的性能继续改进，出现了一种磁带超大容量存储器。此外，为了补充主存储器与辅助存储器之间的存取间隙，还研制了高速辅助存储器用的电荷耦合器件（CCD）等电荷转移器件和磁泡存储器件。

20 世纪 70 年代末，出现了光盘存储技术。它的存储容量比磁盘高 1~2 个数量级，使用寿命长，信息可保存 10 年以上，系统可靠，光头与记录介质不接触。目前，可探重写的光盘材料已经出现，读出速度和查找数据速度正在改进，接近磁盘。

20 世纪 80 年代末，具有非易失性和抗辐射性的铁电薄膜重新引起科学界的重视。1988 年，铁电薄膜半导体随机存储器研制成功。由于铁电存储器具有高速抗辐射、非易失、高密度等特点，已成为 20 世纪 90 年代存储技术的研究热点。

20 世纪 90 年代，存储技术的研究主要集中在磁、光和铁电三种存储技术上。近年来，磁存储技术在新型介质材料、磁头材料和结构、伺服定位及磁盘界面等方面都有了重大突破。磁存储技术已经非常成熟，并已成为 20 世纪 90 年代最主要的、使用最广泛的存储技术。

与此同时，光存储技术也已进入实用阶段并日趋完善。1990 年年底日美欧市场出现可擦重写光盘后，相变光盘作为全光存储的初级产品也已问世。CD（Compact Disc）可擦光盘将成为下一代的 CD 产品。有机记录介质如菁染料等将会在 CD 系列产品中发挥它们的作用。人们正致力于光存储技术的改进和发展工作，并不断探索一些基于更新记录原理的光存储技术，如光化学烧孔存储、全息记录存储、双光子激发三维存储等。

随着近年来超微细加工技术和图像显示测试技术的发展，信息存储正朝超高密度方向发展。在磁存储领域利用磁力和近场扫描方法预期能实现 $100Gb/in^2$ 的存储密度。这方面主要的研究有：

1. 量子磁盘

它是利用电子束刻蚀和电镀方法，在镀金的硅基底上生长出直径为 35nm、高 120nm、周期为 100nm 的镍柱。这样的镍柱是单磁畴结构，只有沿柱向的两个量子化存储状态。换算后的存储密度可达 $65Gb/in^2$。

2. 近场扫描光学显微镜

根据光学原理，聚焦斑的尺度不能小于入射光的波长，这就限制了聚焦斑（即信息位的尺度）的进一步减小。为了克服这一困难，可利用光导纤维将激光引到光盘的盘面上。因为光纤可以做得很细，利用这样的技术在 Pt/Co 多层膜上已实现 80nm 尺度的记录磁畴，这相当于 $100Gb/in^2$ 的存储密度。

第二节　信息存储的形式

和物质资源比较起来，信息资源是抽象的，它通常需要存储在一定物质载体上，便于交流和利用。信息存储是指将经过加工处理之后的信息资源（包括文字、图像、数据、报表、档案、声像、动画等），采用特定的技术手段，按照一定的规定和秩序记录，存放在相应的信息载体上的信息处理活动。

信息存储有着悠久的历史。人类最早依靠大脑的记忆功能存储信息，因此可以说大脑是人类初始信息的存储载体；语言也是人类较早的信息存储载体之一，长时间以来人们一直通过语言来实现传递信息、沟通思想。随着时代的进步，文字载体存储逐渐产生。记录文字信息的材料由最初的石头、甲骨逐渐发展到后来的简版、帛和纸张，又到现代的软盘、硬盘、微缩胶片、光盘及网络等，充分显示了现代信息存储载体及技术飞速发展的历程。根据存储介质及存储技术，现代信息存储可以划分为如下形式。

一、信息的印刷存储

造纸和印刷术的发明为现代信息存储与交流带来了深刻变化。印刷术是指将数字、图形等原稿信息经过一定的工艺操作成批量复制出来的活动。随着印刷术的日益完善，在各种物质载体，如纸张、纺织品、皮革、塑料、玻璃、陶瓷上印刷文字与图像信息的效果，已经达到相当完美的程度。但是纸张以外的印刷载体尽管也能起到存储、传递、交流传息的作用，但其主要意义还是为生活用品及装饰用品增添艺术色彩。纸张印刷品为人类积累和传播文化知识所做的贡献是其他存储方式所不可比拟的。由于纸张上的文字、图形信息直观易读、携带方便，直到今天仍然是用户所乐于接受的最常使用的信息载体。纸张载体的弊端是：存储信息的密度太低、占用空间大、存储速度慢（印刷周期长）、难以实现信息内容的快速传递；纸张载体易受温度、湿度、光线、灰尘、虫虹影响，难以长期保管。

因此，虽然印刷存储目前仍然是信息存储的主要方式，但丝毫不影响人们越来越多地采用其他更为先进的信息存储技术，以弥补印刷存储之不足。

二、信息的微缩存储

微缩存储是微缩摄影技术的简称，主要利用摄影机将印刷资料微缩拍摄到感光胶片上，冲洗微缩胶片后保存起来，以供复制发行、检索与阅读之用。

微缩存储的主要特点有：存储容量大、密度高、体积小、重量轻；忠实于信息原件，不出差错；成本低、价格便宜，保存时间长（一般可保存 50 年），便于计算机检索等。微缩存储主要有卷式胶片和片式胶片两种类型。

当前最令人注目的进展就是微缩存储技术与计算机技术、通信技术及其他存储技术的相互结合，大大拓宽了应用领域，其主要发展有计算机输出微缩胶片（COM）技术、计算机输入微缩胶片（CIM）技术、计算机辅助微缩胶片检索系统（CAR）、视频微缩系统、激光全息微缩片和微缩传真等。

微缩存储已经发展成为一种相当成熟的信息处理技术，并且已广泛应用于保存珍贵文献和典籍的领域。例如，世界各地大型图书馆均采用该技术对珍藏本、善本和孤本进行微缩处理，或利用计算机辅助微缩品检索系统和视频微缩系统实现全文检索，或通过通信网络实现微缩品自动存储检索和微缩全文资源共享等。

三、信息的磁存储

在现代信息存储技术中，磁存储也是主要手段之一。尤其是硬磁盘存储系统，是现今各类计算机系统最主要的存储设备。

（一）磁存储的主要特点

1. 能够存储一切可以转换成电信号的信息，如文字、声音、图像等。

2. 可长久保存在磁带中，可重复使用，可随时抹去，重新记录新信息。

3. 能同时进行多路信息的存储，并保证信息之间的时间和相位关系。

4. 存储频带宽广，可存储直流 2MHz 以上的信号。

5. 可根据需要或高速存入高频信息慢速复放或慢速存入低频信息快速复放。

（二）磁存储的主要类型

1. 计算机磁带

磁带是较早出现的一种磁表面存储载体，它始于录音介质，主要用于记录模拟信号。自美国 IBM 公司完成了将磁带作为计算机信息存储载体研究之后，磁带存储有了广泛应用。磁带存储的主要优点是：价格便宜存储量大、占用空间小、性能价格比高。其缺点是只适用于顺序存储而且速度有限；工作时由于磁头与磁带表面的接触容易损坏磁表面层，磁带存储器的顺序存储方式决定了其特别适用于大批量的回溯检索。

2. 硬盘

硬盘又称硬磁盘，是在铝合金圆盘上涂有磁表面记录层的磁载体。硬盘的直径有 14 英寸、8 英寸、5.25 英寸和 3.5 英寸等多种，其中 14 英寸的硬盘用得最多。硬盘通常由多个盘片组成，称为盘组。磁盘组可在磁盘驱动器的带动下旋转以便读写数据。

磁盘存储器的最大优点是，能够随机存储所需数据、数据传输速度快，适合作为计算机大容量的外部存储设备。

3. 软盘

软盘又称为软磁盘，是在柔性的塑料圆盘上涂有磁记录层的载体，有直径 8 英寸、5.25 英寸、3.5 英寸等几种类型。

软盘的优点是，驱动器体积小、重量轻、结构简单、价格低；缺点是，存储容量小，存取速度与数据传输率较低，容易携带病毒。

4. 温盘

温盘是温彻斯特硬盘的简称，是 20 世纪 70 年代发展起来的新磁盘技术，目前大多数硬盘都采用这种技术，有 14 英寸、8 英寸和 5.25 英寸等类型。

温盘存储具有以下特点：采用组合件方法消除影响磁头定位精度的机械变动因素；采用密封防尘结构降低浮动高度和有效记录磁道宽度；采用体积小、重量轻、负荷小的磁头和表面润滑的磁盘，从而消除磁头集中加载对盘面的冲击可能造成的头盘损伤；采用薄的高性能磁盘媒体，提升读写能力；采用读写集成电路，并尽可能把它安装在靠近磁头处，以改善高频信号的传输质量。温盘的上述特征增加了系统的稳定性与可靠性，起到了重要作用。

四、半导体存储

半导体存储（Semiconductor Memory）是采用集成化的技术将存储单元电路及其外围电路直接置放在半导体芯片上制成的。按照半导体存储器的功能可分为随机存取存储器和只读存储器。

1. 随机存取存储器

随机存取存储器（RAM）是易失性存储器，一旦去掉电源，信息将全部丢失。RAM 工作的特点是，可以按照需要随时向其任一存储单元写入信息，也可以随时从其任一存储单元读出信息。

RAM 有双极型的也有 MOS 型的。静态的 RAM 特点是几乎不需要附加的控制电路，可以和微处理器连接，但集成度低，成本较高，适用于小容量的存取系统。动态的 RAM 和处理机的接口电路较复杂，需要定时、动态刷新，但集成度高，耗电少，成本低，适用于大容量的存取系统。

2. 只读存储器

只读存储器（Read Only Memory，ROM）是非易失存储器，去掉电源后信息仍保持不变。ROM 的工作特点是：存储的信息一般不变，可以随时读取任一存储单元的信息，但不能随时写入信息。

ROM 有双极型的，也有 MOS 型的。根据信息写入存储器的情况不同，分为固定

ROM、可编程 PROM 和可擦可编程 EPROM。固定 ROM 的信息由制造厂家按需要写入；可编程 PROM 的信息可由用户自行编程写入，但只能写一次；可擦可编程 EPROM 信息可由用户加以改变。

半导体存储器通常由地址缓冲器、地址译码器、存储矩阵、读写电路、数据缓冲器和控制线路组成。

五、光盘存储

信息的光盘存储起始于 20 世纪 60 年代，在 20 世纪 70 年代得到迅速发展。早期主要是研制激光式电视唱片。光盘存储器的出现是信息存储技术的重大突破，其海量存储的特点为信息检索提供了广阔的发展舞台。

光盘是用聚焦成直径小于 $1\mu m$ 的激光束在记录介质上写入与读出信息的高密度存储载体，其基本结构分为 3 层：基体、信息层和保护层。基体的材料可以是有机玻璃、塑料等；信息层是由极薄的金属薄膜或色素薄膜、非晶体薄膜、光磁材料等制成的；保护层是一层透明聚合物，有利于防尘和防划痕。

（一）光盘载体的特点

1. 信息存储密度极高、容量大

光盘的存储密度在目前的大容量存储器中是最高的，是磁盘存储密度的 50 多倍。它不仅可以用来存储计算机中的数据和文字信息，而且可以广泛用于声音和图像信息的存储。

2. 价格低廉，便于复制

价格仅为同样容量磁盘的千分之一，且体积小得多，易于保存和携带。如果将存有信息的光盘制成有凹凸的模板，就可以像压印唱片一样被大量复制，其价格也与普通唱片相仿。

3. 具有随机存取特性，便于和计算机连接

光盘的信息分布在盘层表面，读写头能迅速访问，可随机存取和快速检索，不受时间限制。

4. 可以存储和显示多种信息

光盘既能存储文字和数字，又能记录彩色活动图像；它不仅能用于存储视频信息，而且能存储音频信息。

5. 坚固耐用，存储寿命长

光盘密封性能好，不易受到周围尘土、潮气及其周围杂散电磁场的破坏，寿命可达 10 年以上。

光盘的主要缺点是：误码率比较高，核对误码需占 20%~30% 的光盘空间。

（二）光盘的类型

目前投放市场的光盘产品主要有三类。

1. 只读型光盘

只读型光盘是最早实用化的光盘。盘片在出厂前由厂家预先用激光光束蚀刻上视频、音频、数字信息，出厂后只能读上面的内容而不能添加或修改。其技术成熟、容量大、易复制、价格低，主要应用于电子出版业、联机检索系统、计算机辅助设计、办公自动化、辅助教学等。由于只读光盘能够在微机上使用，因此迅速得到普及。目前国际上各种主要公众检索数据库都已制成只读光盘，方便人们使用。

2. 一次性光盘

用户可以根据自己的需要自由地进行信息记录，但只能写一次，且不能修改和涂抹，所以如有变动则需要在未记录部分追加记录。其技术已经成熟，比较稳定可靠，主要应用于用户自建数据库以及文献等信息的存储，可以作为计算机外存。

3. 可擦型光盘

这种光盘在写入信息后还可以抹掉重写新的信息，制造这种光盘难度较大。传统上有两种擦除重写方式：一是用激光将过时的信息擦掉，再用激光束写入新信息；二是擦除和记录用两束激光分别同时进行。可擦型光盘适用于保存更新较快的信息和信息的短期存储。

光盘存储技术以及其众多的优点，如记录密度高、存储容量大、工作稳定可靠、环境要求低、信息保存时间长等，促使人们广泛使用，并且光盘存取系统发展相当迅速，普及面越来越广，已成为人们生活和科研中较好的辅助工具。

六、网络存储

随着网络信息的爆炸性增长以及人们对网络信息检索要求的不断增强，网络信息存储已成为计算机网络设计中一个十分重要的环节，传统的附服务器的直接连接存储方案由于自身存在的 I/O 瓶颈、可扩展性差等问题，难以完全满足现有的网络存储需要，因此又相继产生了两种全新的网络方案，即网络存储和存储区域网络。

1. 直接连接存储

又称附服务器存储，这是我们最熟悉的最基本的一种存储结构，是如今在校园网或办公环境中最常见的一种。存储器通过一个通用服务器连接在网络上，存储器与服务器之间通过传统的 I/O 总线通信。客户机如果需要访问存储器的数据，首先必须给文件服务器发送一个请求消息，文件服务器解析这个请求并给存储器发送访问消息，存储器访问数据发送至文件服务器的内存，最终服务器把数据传给客户机。

这种结构的最大缺点是：客户机访问的所有数据都需要通过通用文件服务器存储转发，

占用服务器的内存 CPU 和 I/O 总线等系统资源并产生严重的 I/O 瓶颈。

另外，这种存储结构可扩展性差，其扩充网络存储容量的方法是为服务器增加更新、更快的硬盘。如果需要更多的空间，就增加一个硬盘。如果服务器上可供连接的驱动器已满，就需要另买一台昂贵的服务器来扩容。随之而来的是响应时间变长，复杂性维护及管理负载增加等问题，另外，增加几个硬盘的价格虽不昂贵，但是关掉服务器安装存储盘所造成的停工（Down Time）使用户的服务得不到保障，给用户带来经济损失。

2. 附网存储

附网存储（NAS）是计算机信息存储领域中的最新技术之一，可以简单、可靠、经济、有效地在网络中添加共享存储区，从而使各部门和工作组可以通过网络快速访问数据，并实现多人同时访问。这种方案中的存储设备与网络设备直接相连，有利于客户机与存储器之间直接传递数据，减轻服务器的工作负载，大大改善服务器的工作性能。NAS 之所以对设备的要求低且易于维护，是因为它采用了瘦服务器这项新技术。

瘦服务器是专门执行单一功能的服务器，一般包括微机处理器，与多数主流网络拓扑结构兼容的操作系统、内置 Web 接口或管理工具以及便于升级的内存等。很多共享设备，如传真、扫描、Web、CD-ROM、电子邮件、硬盘存储的功能都可以通过瘦服务器技术实现资源共享。NAS 技术的推出，实现了用户在数据存储中要求加快产品安装速度、降低网络维护成本，提高数据可访问性、改进信息存储管理和降低网络吞吐量负担的愿望。

NAS 是 1996 年提出的网络存储解决方案。一个 NAS 可以是一个与平台无关的服务器或一组专门用于存储的服务器群，在这样一个体系结构中，磁盘空间的扩展就如同在网络上添加打印机一样简捷。但是每一个 NAS 节点必须分别管理，对于快速发展的企业而言，这一解决方案会变得过于复杂。这种配置比较适合于工作组或部门级的数据存储操作的服务器在 5 个以内的情况。

3. 存储区域网络

1998 年底，存储区域网（SAN）作为网络存储的另外一种选择出现在市场上，这一全新的解决方案突破了 NAS 所受的诸多限制。

SAN 是一种数据存储设备及服务器间通信的专用网络，能够提供几乎无限的信息交换机会。存储区域网络的服务器可以通过 SAN 直接访问存储设备，而无须通过局域网。SAN 是一种几乎拥有无限存储空间的分布式网络，非常适合作为企业存储系统的核心。SAN 基于一个极为简单的原则，即任何一个服务器可以与任何存储设备直接进行数据交换，而不受 NAS 体系结构的限制。SAN 不仅可以容纳 Web 服务器、Extranet、Intranet 上的所有信息，而且可以在一个中心节点上完成对所有数据的管理。

作为一个离散网络，一个完整的 SAN 包含存储设备（服务器和磁盘阵列，甚至磁带库）、一个高带宽的网络通道（一般由光纤通道构成）、用于通道连接的共享式或交换式集线器、用于设备或服务器的数据交换的路由器以及将这一切连接起来的应用软件。

由于存储设备直接连入 SAN 并且建立了一个可以让每台服务器都能够获得数据的存储池，SAN 上的所有数据都可以进行集中管理，而集中管理意味着简化企业级的数据管理工作和较低的管理成本。

这一分布式的网络通常由连接服务器和存储设备的光纤通道环构成，通过多个环通道，用户可以建立冗余、容错的拓扑结构。两台服务器可以同时通过两个通道访问同一台存储设备。即使其中一台服务器发生故障，使用者仍然可以通过另一台服务器继续进行访问工作。

七、存储的发展趋势

无论是纸质印刷文献的存储，还是缩微存储、磁存储、光盘存储，它们各自都具备其他技术不能代替的长处，因此，它们将在较长的时期内并存、互为补充。这是信息存储技术的一个发展趋势。

信息存储技术的另一发展趋势是各项信息存储技术的相互结合。

1. 磁存储与光存储结合的磁光存储技术

这是一种利用激光在磁光存储材料上进行信息的写入和读出的技术，磁光存储技术结合了磁存储和光盘存储的优点，存储密度高、存储容量大，而且存取时间短。

2. 采用缩微片和光盘两种存储媒介的复合系统

在随录随用、检索速度、影像远距离传送等方面，光盘优于缩微片，而在输入速度、复制发行、存储寿命、法律依据等方面，缩微片又优于光盘，因此，日本的佳能和富士公司先后推出了一种采用缩微片和光盘两种存储媒质组成的所谓复合系统。采用复合系统的另一个优点是，原来已拥有大量缩微片的旧系统仍可继续使用，并能顺利向新系统过渡。

3. "三合一"的存储系统

即将缩微、磁和光盘存储技术结合在一起的复合系统。

信息存储技术将有一个新的比例分配，是其发展的又一必然趋势。为了实现我国信息工作的现代化，必须采取有力措施来积极推动信息存储技术的这种转化。信息存储技术在比例上的重新分配是为了更好地发挥各种信息存储技术的特长，扬长避短。所谓"新的比例分配"是指，传统的纸质印刷文献由于存储空间、存储条件等限制，一些利用率较低的印刷型文献将被缩微存储替代。

对于图像资料，为了保持图像的色彩，最好用光盘存储。当然也可以用彩色缩微摄影保存，但效果并不是十分理想。

为了充分利用光盘处理计算机信息的功能，可用光盘代替磁盘存储信息机构的书目信息和情报检索信息。通过光盘可以快速向用户提供检索服务，也可以利用电子传输通信为远程终端提供书目信息。

存储计算机信息过去主要依靠 COM 技术，随着光盘技术的发展，COM 技术可能被光盘代替。

根据光盘存储信息寿命短，但检索功能强及检索速度快的特点，可以考虑将检索频率高的科技期刊、科技报告、标准和法律文献及一些词典工具书等存入光盘。根据科学信息老化规律，科技文献的引用期平均也只有 10 年左右，正好与光盘保存信息的寿命相当。

第五章　信息存储技术

第一节　信息存储技术概述

一、信息存储技术的发展

第一次信息革命是人类创造了第一个信息载体——岩画和壁画，人类拿起石块、木炭作为工具把自己大脑中的思维形象刻画在岩石、洞壁上，人类的信息思维有了确切的存储载体。

第二次信息革命是人类创造了语言和文字，接着出现了文献，语言、文献是当时信息存在的形式，也是信息交流和存储的工具。

第三次信息革命是造纸和印刷技术的出现，这次革命结束了人们单纯利用龟板、竹筒、依靠手抄、篆刻记录文献的时代，使得知识可以大量生产、存储和流通，进一步扩大了信息交流和存储的范围。

第四次信息革命是电报、电话、计算机和现代通信技术的有效结合，使信息的处理速度、传递速度和存储效率得到惊人的提高，人类处理信息、利用信息的能力达到空前的高度。在人类信息技术发展史上，数字技术是一项划时代的成就。综观 IT 发展史，数字技术已有过两次发展浪潮。

第一次是以处理技术为中心，以处理器的发展为核心动力，产生了计算机产业，特别是 PC 产业，促使计算机迅速普及和应用。

第二次是以传输技术为中心，以网络的发展为核心动力，通过互联网，人们无论在何处都可以方便地获取和传递信息。这两次浪潮极大地加速了信息数字化进程，越来越多的信息活动转变为数字形式，使数字化信息爆炸性增长，从而引发了数字技术的第三次浪潮——存储技术浪潮。

实际上，数字技术在任何时候都是处理、传输和存储技术的三位一体，缺一不可。数据存储技术一直都在发展与进步，但它一直在后台，被处理技术和网络技术的光芒所掩盖，现在它终于走上了前台，成为数字化舞台的主角之一。随着信息资源的不断增加，信息存储空间越来越紧张，查找信息也变得越加困难，因此人们在不断地寻找新的信息存储介质。

1998 年，图灵奖获得者 Jim Gray 提出了一个新的经验定律：网络环境下每 18 个月产生的数据量等于有史以来数据量之和。信息资源的爆炸性增长，对存储系统在存储容量、数据可用性以及 I/O 性能等方面提出了越来越高的要求。存储产品不再是附属于服务器的辅助设备，而成为互联网中最主要的花费。信息技术已从以计算设备为核心的迁徙时代进入以存储设备为核心的存储时代，网络化存储将成为未来存储市场的热点。甚至有人说，网络存储已成为继计算机浪潮和互联网浪潮之后的第三次浪潮。在数字化和网络互联时代，在多用户并行环境中，大规模应用系统的广泛部署对网络存储系统的性能和功能提出了巨大挑战，主要表现为高性能、可扩展、可共享、自适应、可管理性、高可靠性和可用性。

二、存储器的类型

存储器是具有记忆功能的部件，随着信息技术特别是计算机结构与器件的发展，存储器的种类日益繁多，分类方法也有很多种。

（一）按存取方式分类

1. 随机访问存储器 RAM（Random Access Memory）

其特点是随机读写，既可以读出，又可以写入。对存储器内部任何一个存储单元的读出和写入时间是一样的，与其所处的位置无关，即存取时间是相同的、固定不变的。RAM 主要用作主存，也可用作高速缓冲存储器。RAM 中每个字的地址是由地址寄存器来确定的，无须用户进行干预和考虑。译码器译出地址，从而直接找到并加以读取。

2. 只读存储器 ROM（Read Only Memory）

它是 RAM 的一种特殊方式，只能随机地读出信息而不能写入信息。信息一旦写入存储器就固定不变了，所以又称为固定存储器，常用来存放无须改变的信息，如管理程序、监控程序、汇编程序、各种诊断程序以及专用子程序等。

3. 顺序存取存储器 SAM（Sequential Access Memory）

它的存取方式与前两种存储器完全不同，信息一般是以文件或数据块的形式按顺序存放，信息在载体上没有唯一对应的地址。因此，要找到所需信息，就必须知道一些关于所存信息的详细说明。例如，它在哪个模块中，用什么格式将约定的信息段与要求的输入信息做比较等。否则，不论在逻辑上还是物理上都无法找到有关信息。信息存取时间的长短与其在载体上的位置有关，只能用平均读写时间作为衡量指标。磁带机就是这类存储器。

4. 直接存取存储器 DAM（Direct Access Memory）

它既不像 ROM 那样能随机地访问任一存储单元，也不像 SAM 那样完全按顺序存取，而是介于两者之间。当要存取所需信息时，第一步是直接指向整个存储器中的某个小区域（如磁盘上的磁道），第二步是在小区域内顺序检索或等待，直到找到目标后进行读写。这种存储器的存取时间与信息所在的位置也是相关的。磁盘、磁鼓就属于这类存储器。有些书上将 SAM 和 DAM 归入一类，称为串行访问存储器。

（二）按存储介质分类

1. 磁存储器

用磁性材料做成的存储器称为磁存储器，它包括磁心、磁包、磁膜、磁鼓、磁带、磁盘等。从 20 世纪 50 年代开始，磁芯存储器曾一度成为主存储器的主要存储介质，但因磁芯存储器容量小、速度低、体积小、可靠性较低，从 20 世纪 70 年代开始，已被半导体存储器逐渐取代。

2. 半导体存储器

目前绝大多数计算机都使用半导体存储器作主存，主要分为 RAM 和 ROM。按照生产工艺，半导体 RAM 可以分为双极型 RAW 和 MOS 型 RAM 两大类。MOS 型 RAM 又可以分为静态 RAM（SRAM）和动态 RAM（DRAM）两种。

双极型 RAM 的特点是速度快，但成本高、功耗大、集成度较低，一般用作高速缓冲存储器，也有一些巨型机用它作主存。由于构成触发器的电路形式不同，又可分为 TTL 型和 ECL 型两种。

MOS 型 SRAM 是由 MOS 双稳态触发器来记忆信息的，它的集成度高于双极型 RAM，且功耗低于双极型，但存取速度也低于双极型。

MOS 型 DRAM 比 SRAM 的集成度更高，功耗更低，它是靠 MOS 电路中的栅极电容来保存信息的。由于电容上的电荷会泄漏，因此需要定时给予补充。其存取速度低于 SRAM。

半导体 RAM 存储的信息会因断电而丢失，称为易失性存储器，半导体 ROM 是非易失性存储器，但它只能读不能写。

3. 铁电存储器

铁电存储器利用铁电材料的两种极化状态存储信息。它不仅具有铁电薄膜的非易失性和抗辐射性，而且具有速度高、存储密度大、成本小、功耗低等优点，因而成为 20 世纪 90 年代存储器的研究重点。

4. 光存储器

用激光束聚焦为亚微米尺寸光点记录在光盘介质上，可用激光束读出记录信息。作为外存储器，光存储器的存储密度是磁存储器的十几倍，寿命也长得多，但目前存取速度还不及磁存储器。

5. 其他介质存储器

其他的存储介质还有很多，如光电存储、电荷耦合器件存储器等。

从原理上讲，只要具有两种明显稳定的物理状态的器件和介质都能用来存储二进制信息，但真正能用来做存储器的器件和介质还需要满足各类存储器技术指标的要求。

（三）按功能分类

1. 寄存器型存储器

它是由电子线路组成的在速度上与 CPU 相匹配。现代计算机内部都设有几个至几十个通用寄存器。这种类型的存储器存放着当前要执行的指令和使用的数据。它们的容量很小，但工作速度很快，其长度等于机器字长。

2. 高速缓冲存储器

通常位于主存和 CPU 之间，存放当前要执行的程序段，以便向 CPU 高速提供马上要执行的指令。目前，高速缓冲存储器一般采用双极型半导体存储器，速度较高，可以与 CPU 速度匹配，存取时间几纳秒至几十纳秒，但其存储容量较小，一般在一千至几十千字节。

3. 主存储器

它是主机内部的存储器，故又称为内存。主存用来存放计算机运行期间正在执行的程序和数据，CPU 的指令系统能直接读写主存中的存储单元。

4. 外存储器

也称辅助存储器或后缓存储器，它用于存入系统程序、大型数据文件等当前暂不参与运行的大量信息。外存设在主机外部，容量极大而速度较低。CPU 不能直接访问它，必须通过专门程序把所需信息与主存进行成批交换，调入主存后才能使用。

三、存储器的主要技术指标

存储器的技术参数和指标较多，此处仅给出最主要也是最常用的规范技术参数指标。

1. 存储容量

存储容量是指存储器所能容纳的二进制信息总量。对于计算机的内存储器，存储容量就是存储单元的数量或者是存储地址的数量，通常用 K 表示存储容量的单位。例如，某一计算机内存储器的存储容量为 16KB，即有 16384 个存储单元。但严格地讲，对于不同的机器，由于存储单元的长度不同，因此存储容量的真实大小，应该用它所能存放二进制信息的总数来衡量，即存储容量 = 存储单元个数 × 存储字长。外存储器的存储容量常以"字节"（Byte）作为计算单位。一个字节就是二进制数 8 位数字。常记为 KB（千字节）、MB（兆字节）、GB（吉字节）。也用比特（bit）作计算单位，1bit 就是二进制数一个数位。对存储器进行信息的存取时，不能存取单个位，而是用字节来工作的。

存储方式不同，存储容量的大小也不一样。此外，随着存储技术的发展，各种存储器的存储容量也在不断增加。从 20 世纪 40 年代的几十个字节开始，经历了千字节、兆字节到目前的吉字节，还在不断扩大。

2. 存储密度

存储密度包括位密度、道密度和两者的乘积——面密度。位密度是指单位长度上写入的二进制比特数，用比特/英寸（b/in）或比特/毫米（b/mm）表示，有时也称为线密度。面密度是指单位面积上所能记存的二进制比特数，常用比特/平方英寸（b/in²）或比特/平方厘米（b/cm²）表示。对磁记录而言，常用道密度。磁盘用来存储数据的许多同心圆称作磁通。道密度是指磁盘径向单位长度内所允许记录的磁道数，用每英寸的磁道数表示，记为 t/in。也可用每毫米的磁道数表示，记为 t/mm，计算机磁带不用道密度，而是规定在某种磁带上记录定量的磁迹数。如 12.7mm 宽计算机磁带上记录 7 磁迹或 9 磁迹。

3. 存取时间（存取速度）

存取时间是指从启动一次存储器操作开始到完成该操作所经历的时间。例如，从发出指令到读出数据为止，它包括查找时间和旋转等待时间。

4. 存取周期与数据传送率

存取周期是反映存储器件性能的一个重要参数。

它是指存储器从接受读写命令信号开始，信息读出或写入后，直到允许接受下一个命令为止所需的全部时间，也就是允许连续存取操作的最小时间间隔。通常，存取周期略大于存取时间。因为对于任何一种存储器，在读写操作之后，总要有一段恢复内部状态的复原时间。对于以破坏性读出方式工作的磁芯存储器和 MOS 型 DRAM，存取周期往往要比存取时间大得多。存取周期的倒数 $1/tM$ 是单位时间内能读写存储器的最大次数。$1/tM$ 乘以存储总线宽度 w 是单位时间内可写入存储器或从存储器取出信息的最大数量，称为数据传送率。

5. 可靠性

通常用平均无故障时间 MTBF（Mean Time Between Failures）来衡量可靠性。以理解为两次故障之间的平均时间间隔，MTBF 越长，可靠性越高。

6. 功耗

功耗是一个不可忽视的问题，它反映了存储器件耗电的多少，同时也反映了发热的程度，通常要求功耗小，这对存储器件工作稳定性有好处。大多数半导体存储器的工作功耗与维持功耗是不同的，后者远远小于前者。

7. 性能价格比

性能价格比是一个综合性指标，其中性能包括前述的各项指标，而价格包括信息存储单元本身的成本和存储器运行的外围电路成本。这项指标关系到存储器有无实用价值。

四、信息存储应用特点

过去谈到存储技术的发展趋势，总是用大容量、高速度、低价格和小型化来形容。但随着越来越多的关键信息转变为数字形式，使得应用对存储技术产生了新的需求。

1. 数据已成为最宝贵的财富

数据是信息的符号，数据的价值取决于信息的价值。对于很多行业甚至个人而言，保存在存储系统中的数据是最为宝贵的财富。很多情况下，数据要比计算机系统设备本身的价值高得多，对金融、电信、商业、社保和军事等部门来说更是如此。设备坏了可以花钱再买，而数据丢失了对企业来讲损失将是无法弥补的，甚至是毁灭性的。因此，信息存储系统的可靠性和可用性，数据备份和灾难恢复能力往往是企业用户首先要考虑的问题。为防止地震、火灾和战争等重大事件对数据的毁坏，关键数据还要考虑异地备份和容灾问题。

2. 计算机应用模式发生变化

计算机系统结构设计中有一条重要原理：加快经常性事件（即占用时间最多的事件）。计算机应用模式对经常性事件有决定性作用。早期计算机仅用于计算，CPU 活动是经常的事件，加快其速度最重要。之后在网络应用中，计算机通信成为占时间最多的事件，加快网络速度就成为当务之急。目前在大部分应用中，存储已成为经常性事件，计算瓶颈已从过去的 CPU、内存和网络变为现在的存储。因此，存储是值得加快的经常性事件。

3. 数据量不断增长

人们在信息活动中不断产生数字化信息，数据量总是在不断增长。对于大部分应用，CPU 和网络的速度达到某个值就满足了要求，但对存储容量的需求却是没有止境的，因为永远都有新的数据产生。因此，存储系统要有良好的可扩展性，还要求扩展时不中断现在的业务。

4. 全天候服务已成大势

在大部分网络服务应用中，$7 \times 24h$ 的全天候服务已是大势所趋。这不仅意味着没有营业时间的概念，还意味着营业不能中断。调查数据表明：停机数小时对现代企业的损失是相当大的；停机超过一天，对一个企业来讲是不能忍受的；停机一周则将是毁灭性的。全天候服务要求存储系统具有可用性和快速的灾难恢复能力，集群系统实时备份、灾难恢复都是为全天候服务所开发的技术。

5. 存储管理和维护自动化

以前的存储管理和维护工作大部分由人工完成，由于存储系统越来越复杂，对管理维护人员的素质要求具有易管理性，出差错的可能性也越来越大，稍不注意就会丢失数据。现代存储系统要求具有易管理性，最好具有智能化的自动管理和维护功能。

6. 多平台的互操作性和数据共享

由于历史原因，企业中存在着多种信息平台，既有各种操作系统的服务器，又有各厂家不同型号的存储设备。多平台的互操作性和数据共享对应用的方便性、减少重复投资和保护已有投资是非常重要的。存储系统要有足够的开放性，除了标准和协议的制定外，各厂家之间的合作也是十分必要的。

五、信息存储的要求

信息的存储是各种科学技术得以存在和发展的基础。信息必须经载体的存储才能实现共享，得以传递。长期以来，人类一直在不断探索和寻求保存信息的方法和载体。结绳、刻痕是人类最早的保存信息方法。泥土、石块、甲骨、竹简、丝帛都曾作为信息的主要载体。文字、纸张、印刷术这些技术革命的成果是人类解决信息存储、信息表达、信息交流、信息载体的一次飞跃，它使信息的交流和传播能到达更广泛的接收者（读者）和流传更长的时间。存储技术发展到今天，印刷存储技术、缩微存储技术、磁存储技术、半导体存储技术、激光存储技术以及数字照相与图像扫描技术等的出现，为信息的存储提供了广阔前景。

信息从信息源传播到受众是通过信息通道传播。"存储"即是传播通道的终端之一（即把信息保存起来），存储的信息可以作为下一轮传播的信息源。特别是在传输信息的链路中，由于各个环节的速度可能不相同，还需要存储器作为中间环节。因此，存储器也可以看成信息，是传播过程中具有延时和中继功能的重要设备。

人们对存储器件性能的要求，首先是容量（密度）、存取数据的传输速度、存取等待时间、持久性（保存期和可使用期）、误码率和噪声特征、符号间干扰和串扰、可否直接重写、非破坏性读出和选择性擦除、功耗和热耗散等要求。此外，对整个存储系统还要考虑其可靠性、可否拆卸、可移动性、器件和系统的成本等因素。当代科学技术的发展，特别是计算技术和通信技术的发展要求有大容量、高速度和低成本的存储器件。

第二节　信息的印刷存储

一、信息印刷技术的起源

（一）印刷术产生的前提——文字的产生

文字的产生是发明印刷术的前提条件之一。原始社会人类在同大自然斗争的过程中，为了表达自己的意志、愿望等思想感情，往往会借助手势，模仿周围自然界的声响，把音节和意思结合起来，就逐渐形成了原始语言。这就是我们今天使用的丰富多彩、准确凝练的现代语言的起源。

语言的产生和应用使人类得以在劳动中充分表达思想，交流经验，有力地促进了生产力的发展。随着生产规模和范围的扩大，生产事务日趋繁杂，单凭大脑记忆已逐渐不能适应，而语言又无法长久保留或传至远方，于是就产生了帮助记忆的原始方式。

一是结绳记事，记事是通过在绳子上结成疙瘩完成的。大事结大疙瘩，小事结小疙瘩，涉及数量多少，通过疙瘩多少来表示。

二是刻木记事，古代又称"书契"，就是用刀在竹或木上刻画。

三是绘画记事，以绘画记载事物或事情发生的简单过程，这种图画是最早的文字。

以后，我们的祖先把周围环境中与生活有密切关系的动物、植物、自然现象等画在居住的洞穴石壁上来表达事物。图画本来只是反映具体事物的形象，但在人们习惯于用这些图画来表达一定思想之后，就逐渐简化为一定形式的图案符号，人们看见这些符号就会想起它们所代表的意思并与语言相对应。这样，这些符号就逐渐成为人们交换思想、沟通意愿和表达感情的一种工具，从而产生了最原始的文字——象形文字。

商周时代，刻在龟甲上的文字，大多属于形声字，由独体趋向合体，是最古老的文字。商、周战国时代铸造各种青铜器，铸或刻在青铜器上的铭文就叫"金文"或"钟鼎文"。战国末年，字体逐渐和小篆接近。

秦始皇统一全国后，推行统一文字的政策，以小篆为正字，淘汰通行于其他地区的异体文字，对汉字的规范起了很大作用。秦末，篆书简化演变成隶书，在汉代通行的是小篆的快写字体。

魏晋兴起行书，是简化楷书笔画，兼采草书的笔法。字体的演变，总的趋势是删繁就简，避难趋易，显示了汉字发展的简化规律。

文字的发明是人类文明的一大进步。文字的应用使得语言信息得以准确、完整、形象地再现，给以后的刻石，以至抄书、印书创造了便捷条件，促进了印刷术的诞生。随着文字的形成和演进，存留文字的手段也在不断发展。这主要是指作为书写用的笔、纸、墨的发明，以及复制文字和图画的盖印和拓石方法的产生。

（二）发明印刷术的物质基础——笔、纸、墨的发明

笔、纸、墨的相继发明为文字的存留打下了必要的物质基础，同时也是印刷术发明的物质基础。

1. 毛笔

毛笔是我国的传统书写工具，在相当长的历史时期里，雄居世界笔坛之首，它比古埃及的芦管笔、欧洲的羽毛笔历史更悠久。传说毛笔是秦始皇的大臣蒙恬发明的，因而有人称其为"恬笔"。其实在此之前，毛笔早已存在，经考证，早在3000多年前的商朝已有毛笔。春秋战国时期对毛笔的称呼不一：吴国称为"不律"、燕国称为"弗"、秦国称为"笔"。毛笔的应用对汉字的发展演变具有推动作用，使汉字很快成为易于书写和镌刻的规范文字，

同时它为印刷术提供了手写上版、书写字样的工具，因此毛笔对印刷术的发明确实有着重要的影响。

2. 纸

现在一般人都认为纸是中国古代四大发明之一，对人类文明产生了一定的影响。实际上，自从 16 世纪以来，西方学者只列举印刷术、火药及指南针三大发明，纸并不在其中。欧洲人一直认为造纸术源自阿拉伯，直到 19 世纪中叶，西方的中国通还说纸墨是由西方传到中国的。一直到 20 世纪初年，由于古纸相继被考古发现，经过化学分析，并引证古代文献，此前的纸的起源说才被国际学者所否定。至于纸成为中国古代的四大发明之一，乃是 1925 年卡特所著《中国印刷术的发明及其西传》书中首先提出的。从此，纸才被正式列入中国古代四大发明之一。

纸起源于中国，虽为世界所公认，但关于最早用纸的时代，仍有很多不同的意见。传统的说法是根据《后汉书》的《蔡伦传》："伦乃造意，用树肤、麻头及敝布、渔网以为纸"，人称"蔡侯纸"。纸张具有轻便柔软、韧性良好、制造容易、价格便宜等优点，是十分合适的书写材料，很快取代了笨重的竹简和昂贵的丝帛。但自宋代以来，就有人提出疑问，因为文献中有多处记载在蔡伦以前已有纸的存在，年代可以上溯至西汉。

1990 年在敦煌悬泉置汉代遗址出土的西汉残纸，上有隶书药名"付子""薰力""细辛"等字迹，为汉武帝时代至昭帝时代（前 156—前 74 年）的成品，是迄今所见最早有字的纸。

3. 墨

墨在中国文化中的重要性极为显著，它不仅用于书写，且兼具艺术品质和学术上的地位，向来为文人学士所乐道。中国造纸工及印刷工的姓名、事迹为人们所知甚少，可是数以百计的墨匠却被广泛载录于文献中。而历代专门记述墨的专书，为数也很多。对于墨的评价早有定论：在中国，名墨精品价等黄金；在国外，东方及西方皆有中国墨的传入和仿制。

从公元前 14 世纪至公元 4 世纪间，在甲骨、玉石、陶泥、简牍、缣帛及纸张上以黑墨或彩色所书写之实物，乃是中国最早用墨的例证。公元前 3 世纪至公元 3 世纪和 4 世纪的一些墨块实物，近年也有出土，稍晚于此的墨制品仍见存于今。然而因实物不多，且尚未予以详细分析，故目前研究墨的质地、成分及制造，仍有赖于文献资料，但古籍对于汉代以前的制墨方法甚少记载。

根据传说，中国墨的发明一向归功于东汉书法家韦诞（179—253），即公元 3 世纪初。然而考古发掘及文献上的证据均说明各种墨的普遍使用，或类似墨的书写材料，当远早于此。陕西半坡出土的彩陶上所见的早期花纹及符号，显示红色及黑色颜料的使用可远溯至新石器时代。在商代后期，占卜甲骨上残留的红黑两色的字迹，红色颜料已鉴定为朱砂，碳质黑色颜料经鉴定证明为墨。此外，在商代的石器、玉器及陶器上也发现以黑色汁液所写的文字。自 13 世纪以来，学者即认为中国墨的发展可分为三个阶段：最初以漆所制，嗣以矿物，最后则以松烟及油烟为之。

（三）发明印刷术的技术条件——盖印与拓石

早在公元前4世纪（战国时代）就有了印章。先秦以及秦、汉的印章多用作封发物件，把印盖于封泥上，以防私拆，并作信验。官印又是权力的象征，当时都是刻成凹入的阴文。公元1世纪（两汉时代）以后逐渐改刻成凸起的阳文。

公元4世纪（东晋时代）的道教徒扩大了印章的面积，使之能容纳比较长的符咒，曾有刻过120个字的符咒，可见当时已经能用盖印的方法复制一篇短文了。

拓石是印刷术发明的另一渊源。在公元前7世纪，我国就有了石刻文字。为了免去从石刻上抄写的劳动，公元4世纪左右，就发明了以湿纸紧覆在石碑上，盖以毡布，然后用木槌和刷子轻敲和拂拭，直到纸嵌入石碑的字体凹槽为止，等到纸张干了，用刷子蘸着黑墨，均匀地刷到纸上（凹下的文字刷不到墨），最后把纸张揭下来，就成为黑底白字的拓本。这种方法所印出的文献，叫作"拓石"。

后来，又将刻在石碑上的文字刻在木板上，再进行传拓，所以刚开始在木板上雕刻文字是供传拓用的。石刻的文字是阴文正写，这就提供了从阴文正写取得正字的复制技术。

黑底白字不如白底黑字醒目。因此，如果将碑上阴文正写的字，仿照印章的办法，换成阳文反写的字，在版上刷墨再转印到纸上，或者扩大印章的面积使之成为一块小木板，板上刷墨铺纸，仿照拓石方法来拓印，就能得到清楚的白底黑字，这就是雕刻印刷。雕刻印刷是我国印刷术的最早形式，是印章盖印和捶拓碑石两种方法的结合和逐步演变，所以，印章和拓石为印刷技术的发明准备了技术条件，是印刷术的先驱。

（四）印刷术的发明与进展

雕版印刷术的演进在印章和拓石的基础上，我们的祖先发明了雕版印刷技术。一般是把硬度较大的木材如梨木或枣木刨平、锯开，表面刷一层稀糨糊，然后把写好字的透明薄纸，字面向下贴在木板上，干燥后用刀雕刻出反向、凸起的阳文反字成为凸版。经过在版面上刷墨、铺纸、加压力后，便得到了正写的文字印刷品。

从目前的考古资料可知：中国是世界上最早发明和利用印刷术的国家。

唐朝咸通九年（868）雕版印刷的《金刚经》是目前可以证明的最早实物，上面雕印佛像插图与佛经文字，线条流畅，制作非常精良，插图极具装饰性，现存于英国大不列颠博物馆中。

学术界关于中国雕版印刷的起始时间，说法不一。张秀民先生在其所著的《中国印刷史》中，论证了东汉、六朝、后赵、北齐及隋朝尚没有雕版印刷的书籍被发现，认为雕版印刷始于唐贞观年间（627—649）。使用这种技术印刷的书籍包括国家典籍、诗文稿、民间戏曲、小说等，品种繁多，直到19世纪才不再使用于图书制作。可以说，雕版印刷术的发明和发展直接形成了中国传统的图书装帧艺术。

近代中国的印刷与图书设计制作开始于清嘉庆十二年（1807），当时英国传教士马礼逊雇人刻制了中文字模铸造铅活字，并首次在中国使用西方铅活字技术制作中文活字，距离毕昇发明胶泥活字已有近八百年；1860 年美华书馆创制了华文字模，使用西方印刷机械印刷，这标志着中国印刷开始走向机械化批量生产的道路。中文书籍为了满足传播西方文化的需求，逐渐开始采用横排方式排版，同时，石印技术也传入中国。

1874 年，上海天主教会在土山湾成立了石印印刷部，印刷了《康熙字典》等书籍；1884 年，英国人美查出版了中国第一份石印画报《点石斋画报》，版面设计精美，图片生动，颇受欢迎。

1904 年，商务印书馆首次使用新式标点符号横排印刷了严复的《英文汉诂》。这一时期中国的印刷直接使用国外的先进印刷机械和技术，图书装帧设计在设计思维、版式等方面都向西方学习、靠拢，甚至有些书籍的插图就直接采用国外的插图版本。在此情况下，包括雕版和活字在内的传统图书制作方式退出市场成为历史的必然选择。直到 20 世纪 80 年代，我国大部分地区的书籍生产仍然以铅活字印刷方式为主，随着国家"748 工程"的成功完成，我国才进入了计算机—激光中文排版输出时代。

为何中国雕版印刷的主导地位与活字印刷举步维艰？

首先，中国是世界上封建社会时间最长的国家。自宋代以来，封建政治与经济开始走下坡路，统治阶级重文轻武，文人掌握国家的政权，读书人大多通过读书、科举考试走上仕途之路，因此，图书成为那个时代人们生活的必需品。但是，封建统治阶级闭关自守，使得商业发展缓慢，产品流通范围狭小且缓慢，虽然在全国也出现了几大图书印制中心，但是图书的规模化、市场化难以形成，使得印刷技术不能有效地得到发展与创新。在经济上，统治者重农轻商，大大抑制了工商业的发展与壮大，工匠没有社会地位，经济上也非常窘迫，根本没有人力和财力来进行技术创造与革新，即使匠人在实践中有了一些发明与创造，也很难得到统治阶级的重视，要不是因为沈括在《梦溪笔谈》中谈到了毕昇的活字技术，恐怕这项发明就根本无法得到考证。相反，15 世纪的欧洲，战争减少，笼罩欧洲几百年的瘟疫势头减缓，欧洲封建专制国家基本已经形成，经济复苏，正逐渐朝健康的方向发展。欧洲各地形成了专业的地区经济，各地的长途互惠贸易创造了新的商业平衡，东西方城市间的贸易也相当繁荣，这些都刺激了欧洲商业的发展与繁荣。金属活字印刷术就是在这样的商业发展背景之下产生与发展的。

其次，从使用材料的角度看，古登堡发明的金属活字印刷术，在发明之时，由于采用金属铸造，意味着它已经是一种较完整、成熟的技术，在工业革命的驱动下能够直接过渡到机器批量的生产方式，几百年后，直到 20 世纪，仍然在使用它，并没有太大改变；而中国虽然最早发明了胶泥活字印刷，继而又发明了木活字等技术，但由于材料和技术的局限性，决定了这种技术在中国的发展有限。

中国人在唐朝时就有了技艺高超的雕版印刷术，相对于西方人对石头的"偏爱"，中国人对木质材料的喜欢由来已久，这可以从中国现存的大量古代木结构建筑艺术中看到，用木材做活字，似乎更能得心应手；另外，在封建社会晚期，活字印刷的发展也与衰落的封建经济状况有关，金属活字相对于木活字来说，材料贵，且不容易铸造，因而，直到清乾隆年间，有名的皇家印书处——"武英殿修书处"还专门刻制了木活字25万余个，用于印刷《武英殿聚珍版书》系列书籍。可见，材料的选择也是印刷术产生与发展的重要因素之一。

从人的角度来说，中国古代知识分子是使用图书最多的人群，他们十分推崇传统的书法艺术，更趋向于有欣赏价值的线条，因而，他们宁愿手工抄书，或者选择自己喜欢的书法形式来印刷书籍或文稿，雕版印刷就是他们最好的选择。在不同的版面上，他们可以按照自己的喜好选择不同的书法形式，或者在同一版面也可以印刷不同的书法字体。而活字印刷的字模是由刻工一个一个刻出来的，为了方便印刷，只能采取标准化的方法，在篆刻字模时使用统一的字体风格，以便风格的统一和协调，这些字模被刻成几何化的形式，印刷出来的书籍自然显得机械、呆板、无艺术感而言，显然无法讨得文人士大夫们的欢心。另外，活字印刷术在宋代产生的时候，各种技术、工艺水平都不高，根本无法与雕版这种成熟的技术相抗衡。

再次，封建制度下，统治阶级推行的科举考试制度与法律法规也是限制活字印刷发展的重要因素。自隋唐开科举考试先河以来，统治阶级非常重视科举考试用的书籍，轻视甚至限制戏曲小说类书籍的出版、发行。知识分子只需熟读四书五经之类的书籍，便可走上仕途。这些常用的书籍，使用雕版印刷相对方便、快捷，因为需求量很大，并且一次刻成，保留整版，便可以反复印刷。明朝的戏曲、小说插图印本达到了历史的巅峰，这种书籍也大多采用雕版印刷的模式，而到清代，这种戏曲小说类的书籍就开始衰落，这与清朝政府多次下令禁书有关。雍正、乾隆年间，几乎年年都有这样的禁书令，这使得戏曲小说书籍印刷质量越来越粗陋不堪，日趋衰落。对于那些需求量小的科技书籍，印刷就更少了。可见，统治阶级的政策直接影响到图书生产技术的革新。至清代，由于统治阶级对书籍的限制，连雕版的发展也受到限制，更谈不上推广活字技术了。

最后，汉字本身的构造也是阻碍活字印刷在中国发展、推广的重要因素。汉字自产生数千年以来，字数越来越多，汉代许慎撰写的《说文解字》中连重复的文字在内，总共10516个，而当代出版的、供中等文化程度读者使用的《现代汉语词典》中所收条目，包括字、词、词组、熟语、成语等，共约55000余条。并且，汉字是象形文字，无法像拉丁文字母那样进行自由拼写与组合。

拉丁文字是一种拼音文字，在活字印刷时，只需要铸造几种系列字母，由这些字母进行组合就可以印刷，造字成本相对低，速度快；而使用汉字活字印刷，必须铸造大量汉字，加上一些常用字需要重复铸造，因而速度慢，成本高，并且在存储、拣字、归字方面都非常费时、费力，不如雕版省事；而雕版印刷，只需选择整块木版，选用熟练的刻字工人就可以完成，程序要简单得多。

影响中国活字印刷术推广、运用、改良的因素很多，虽然活字印刷术在宋代就已经发明，但是它始终没有能够在中国生根、发芽，直至成材。清中期以后，西方先进的印刷技术传入我国，特别是石印技术，由于其成本比木刻更加低廉，效果更加细腻真实，给传统的刻书业带来了极大冲击，直接导致了传统版刻书籍退出图书印刷市场。近代之后，中国的印刷和图书出版业的历史开始由外国人或外国技术主导，图书的装帧设计与制作出版也开始走向西方学习的道路。

虽然中国最早发明了活字印刷，但是，由于政治、经济、制度、人文等因素，它无法给我们传统的图书设计和生产带来持续的革新。几百年来，主导中国传统图书装帧艺术的始终是雕版印刷技术，但是，也正是因为使用了这种印刷方式，才使得我们的祖先创造出了代表我们优秀传统文化的独特形式。

二、信息印刷存储简介

印刷是指将文字、图形等信息经过一定的工艺操作，成批量地复制出来。随着印刷技术日益精湛，在各种类型的印刷载体上，如纸张、纺织品、皮革、木材、塑料、金属、玻璃、陶瓷，印刷的效果已经达到了相当精细的程度。

纸张以外的印刷载体，如纺织品等，尽管也起到了存储、传递、交流信息的作用，但主要还是作为生活用品及装饰用品，它们并不适合作为积累和保存大量信息的载体。长期以来，世界各国的图书馆、档案馆、文献信息中心、资料室等公益性的文献存储机构，一般是以纸张印刷文献为主分类保存，实现文献资源共享，达到信息存储、交流、利用的目的。

信息的印刷存储对人类文明进程起到了巨大的促进作用，人们至今仍离不开它。可是，这种存储技术存在着许多弊端。

首先，随着信息的日益膨胀，印刷存储的速度过于缓慢。缓慢的原因：一是印刷过程的复杂程度高，使得印刷周期长；二是印刷文献管理复杂。

其次，人们从印刷文献中获取信息的速度慢。在图书馆、档案馆等获取的信息已经被印刷过程、出版发行过程、地域分隔、必要的传递过程、采购上架过程几次延误。

最后，纸张印刷文献的寿命有限。灰尘、光线、湿度、温度、蛀虫等都是影响印刷文献寿命的外界因素，内在因素是纸张质量。因而，人类在利用印刷存储技术的同时，仍不断地寻找新的信息存储技术。

1. 中国早期记录信息的载体类型

（1）陶器——距今四五千年，人类祖先就已在陶器上刻画示意符号。

（2）甲骨——到了3000多年前的商代后期，当时的义字人都刻在龟甲或兽骨上。

（3）青铜器——青铜器是铜锡合金铸成的器件，一直沿用到西汉。

（4）石刻——《墨子》中即有"镂于金石"之说，现存最早的石刻系秦国的石鼓。由于形状和作用不同，石刻有碑、碣、摩崖等不同名称。到东汉末年，石碑成为重要典籍的标准本。

（5）简牍——早在商朝，已开始用竹片或木片作为信息载体。用以书写的竹片叫作"简"，又称"策"；用于书写的木片，叫作"方"，又称"牍"。"古无纸故用简""学富五车"

的典故，反映了在相当一个历史时期内所使用的存储手段。

（6）缣帛——到春秋战国之际，以丝织品为书写的载体开始出现，称为"缣书""帛书"。《墨子》一书中有"书之竹帛，传遗后世子孙"的记载，可见当时帛和竹木简已经同时使用。

2. 造纸术

造纸术是中国古代四大发明之一，通常以"蔡侯纸"即东汉的蔡伦于公元 105 年研制出的轻便、便宜而又能大量生产的植物纤维纸为标志。蔡伦和有关工匠总结前人的造纸经验，以树皮、麻头、破布等为原料，并以捣、抄一套工艺技术，使造纸术达到了成熟阶段。到了魏晋时代（约 5 世纪初），纸张逐渐取代了笨重的竹木简和昂贵的缣帛。随着造纸原料的不断增加，造纸技术的不断提高，纸的品种也不断增加，用途也更加广泛。

3. 印刷术

印刷术也是中国古代四大发明之一，它与造纸术的发明和纸张的普遍使用有着密切关系。纸至 4 世纪已成为主要书写材料，社会上纸写本读物迅速增加，促进了文化、教育、科学和宗教的发展。只有社会对纸写本读物的繁重劳动感到厌倦，才产生了机械复制方法代替手抄的。也就是说，印刷术是在造纸术经历较长时期发展和书写本读物达到高潮之后才可能出现。

印刷史专家从以下三点对印刷术做了概括：印刷必有印版，以"刷拭"为手段，通过印墨将印版上的图文转印到承印物上；印刷是工艺技术，从印版制作到刷印出产品，有一套完善的工艺方法和过程。中国古代（传统）印刷术包括雕版印刷术和活版印刷术。

著名的中国科技史专家、英国剑桥大学李约瑟博士说："对人类文化史来说，我想象不出能有比造纸术与印刷术的发展这一更重要的题目。"漫长的历史中，在信息的记录和传播方面，只有发明造纸术和印刷术之后，人类才找到了理想的载体和手段。

三、信息印刷的种类与特性

印刷方法有多种，方法不同，制作也不同，印成的效果亦各异。传统使用的印刷方法主要可分为凸版、平版、凹版及孔版印刷四种。凸版印刷，凡是印刷面是突出的，而非印纹部分凹下的，称之为凸版印刷，其包括活版与橡胶版两种。

（一）凸版印刷

1. 活版印刷

活版印刷是在早期胶泥活字到木刻活字及铅铸活字发展而成，延至近代大多数是以铅字排版为主，活版印刷所用的印版，除了文字部分使用铅字排版外，其他如特殊字体或图案、图片之类，则使用照相制版方法，制成锌版，后来发展至尼龙胶版，改良网点印制效果。一般活版印刷的版是平的，但有一些情况下，需将平的印刷版复制成曲形的铅版，这可装上卷筒式轮转凸印机上，以供大量印刷，如报纸等。

2. 橡胶版印刷

橡胶版印刷和活版印刷相似，不同的是印版是一块软胶，有如盖图章用的橡胶。

（二）平版印刷

凡是印刷部分与非印刷部分均没有高低之别，亦即是平面的，它利用水油不相混合原理使印纹部分保持一层富有油脂的油膜，而非印纹部分上的版面则可以吸收适当的水分，在版面上油墨之后，印纹部分便排斥水分而吸收了油墨，而非印纹部分则吸收水分而形成抗墨作用。此种印刷法，就称为"平版印刷"。平版印刷在操作上较为简单，成本低廉，是现今印刷中使用最多的方法。早期的平版印刷为平版平压型，到后来发展为平版圆压型及图版圆压型两种。平版印刷的优点是：制版工作简便，成本低廉，套色装版准确，印刷版复制容易，印刷物柔和软调，可以大数量印刷。缺点是：因印刷时水胶之影响，色调再现力减低，鲜艳度缺乏，版而油墨稀薄。

（三）凹版印刷

凹版印刷基本原理是印纹部分与无印纹部分高低差别甚多，与凸版恰恰相反。即印版着墨的部分有明显的凹陷状于版面之下，而无印纹部分则是光泽平滑，印刷时需先把油墨滚在版面上。则油墨自然落入凹陷的印纹部分，随后将表面黏着的油墨擦抹干净。再放上纸张后使用较大的压力把凹陷之印纹油墨压印在纸上。凹版印刷的优点是：色调丰富，颜色再现力强，印刷数量大，应用的纸张范围广泛，纸张以外的材料亦可印刷。缺点是：制版费、印刷费昂贵，制版工作较为复杂，少量印件不适合。因为凹版印刷线条精美，不容易假冒，故均被利用在印制有价证券方面，如钞票、股票、礼券、邮票等。

（四）孔版印刷

孔版印刷基本原理是印纹部分呈孔状，并利用这种方式印刷均称之为孔版印刷。一般用钢针在蜡纸上刻字或用电子版的油印机印刷，这便是孔版印刷。而在设计或工业上应用的是丝网印刷。在制版方面已利用照相制版方法制版。因其墨色浓厚，另有一种特殊感觉，常用于特殊效果印件。孔版印刷的优点是：油墨微厚，色调鲜丽，可对任何材料印刷，曲面印刷亦可能。缺点是：速度慢，生产量低，彩色印刷表现困难等。

（五）CTP印刷

CTP（Computer To Plate）即计算机直接制版。直接制版技术是将电子印前处理系统（CEPS）或彩色桌面系统中编辑的数字或页面直接转移到印版的制版技术。图文处理系统的开放性及数字化、网络化已成为当今电子印前系统的基本特征。

CTP的特点是：在材料方面，省去了感光胶片及其冲洗化学品；在工艺方面，省去了胶片曝光冲洗、修版、晒版等环节；在设备方面，省去了暗室及胶片曝光冲洗设备；在效益方面，降低了成本，节省了时间和空间；在质量方面，影像转移质量明显提高。

CTP系统采用全新的物理成像技术思路，彻底摆脱激光和感光材料的使用。利用喷墨设备直接在胶片、纸张、PS 版面上打印出所需的图文部分，减少了图像转移的次数，真正实现 100% 转印，无内容损失，直接输出大幅面，无须拼版、修版。

CTP 系统采用了 6PL 墨滴控制技术、智能墨滴变换技术、微压电技术和 6 色速干墨水，适合 Windows95/98/NTMac 平台支持网络，并且兼容北大方正排版系统，可直接在苹果和 PC 机上发排多种软件制作的版面。印刷软件具有良好的数据接口，操作简便，加网质量高（最高可达 175 线），功能强大全面，解释速度快并有任务队列、拼版、预览等功能。进行大幅面输出时，还可自动计算胶片宽度、版面宽度，自动将小版拼成大版输出，也可手工控制拼版布局，专用 CTP 胶片和 PS 版均有经特殊处理的涂层。

近几年来，高科技对印刷出版领域的渗透表现在计算机直接制版、数字印刷和彩色打样三个方面，它们都被称为 CTP 技术。

（六）数字印刷

数字印刷的出现，无疑是未来印刷发展的一个趋势。但就目前来看，数字印刷并不是要完全取代传统印刷，而是一个对传统印刷中存在的问题与难题的解决方案。所以，数字印刷和传统印刷在一定时期中应该是一个互补关系。

在传统印刷中，印刷带有号码的印刷品，一直是令人头痛的事。一般的彩色印刷厂都没有专门打号的机器设备。为解决可变票据的印刷难题，爱普生公司与前景集团合作开发了"数字可变印刷系统"。它由 EPSONEPL—C8200 彩色激光打印机、EPSONEPL—N4000 激光打印机和 PROSPECTS Wellformed 数字票券印刷系统组成，解决了上述问题。

纸张作为存储、传递、交流信息的主要载体，较其他材料更适合于积累和保存大量信息。长期以来，世界各国的图书馆、档案馆、文献信息中心、资料室等机构，一直都是以纸张印刷为主保存信息资料，实现资源共享，达到信息存储、交流、利用的目的。

印刷存储技术广泛应用于报纸、杂志、书籍、资料、广告等文化宣传媒体上，这是目前人们俗称的第一媒体。尽管它受到广播、电视、网络等媒体的巨大冲击，但在今天仍然有着强大的生命力，是目前信息传播的主要手段。读书看报仍然是人们学习知识最自然、最主要的方式，因为它更易接近普通民众。

随着各种存储技术的发展，以及社会信息量的日益膨胀，印刷存储也显露出许多不足之处。印刷出版周期过长、印刷速度过慢是其最明显的缺点，尽管计算机技术应用于印刷技术，使人们从传统的活字印刷术中解放出来，告别了铅与火，走向了光与电，但相比较而言，这一缺点仍然是存在的：印刷品的管理上大多需经手工操作，因而较为繁琐、繁重和复杂；人们从印刷制品中获取信息的速度较慢，文献传输速度慢，信息存储密度小；纸张印刷制品的寿命较为有限，保存保管对环境要求高，保存场地（空间）大。为了克服这些缺点，人们仍在不断地寻找新的信息存储技术。

四、信息印刷存储技术对文献生产的影响

1. 产量增多

印刷术发明之前，文献的生产是以手划、手刻和手写等方式进行。这种手工生产文献数量很有限，供应的复本非常少。在雕版印刷中，一个熟练的印刷工人每日工作 10 小时，可印制 3600 百张，每块书版初印可达 16000 张，字迹清楚，其后略加休整，可再印。估计当时平均每板印 100 部书不成问题。最突出的是篇幅巨大的宗教文献的印制和流传，若没有雕版印刷的应用是不可想象的。如《大藏经》先后印制了 6 种以上不同版本，每种达五六千卷。同时，佛教徒也刊印《道藏》，达数千卷。印成之后的宗教经典在国内外广泛流传。若采用手抄，如此众多文献的复制是不可能完成的，也就不可能传播广远。到活字印刷时，印数比雕版时稍有增加，且速度加快。据专家比较，认为活字印刷速度比雕版快了十倍。正是有了印刷技术，短期内一次印成上百部、千部的文献才能成为现实。

15 世纪末年以前，中国书籍出版的总数，据著录约有 25000 种，25 万卷，大大超过西方各国的图书总量。14 世纪之前，欧洲的书籍以手抄复制，仅有几千册。15 世纪中叶古登堡的活字印刷术发明应用后，书籍的产量激增，15 世纪末欧洲已经有 250 个城镇开设了活版印刷所，印制的"摇篮本"达 3 万种，每种平均印制 200 部。据估计，16 世纪的第一年，各种著作已出版 4 万多个版本，正规印刷厂有 100 多家，共印出 900 多万册书。从此，印刷书籍作为一种传播媒介一直以惊人的速度增长。有人认为，正是印刷技术的运用，让书籍成为最早大批量生产的产品，成为工业时代的先驱。

2. 成本降低

首先，是生产文献所用劳动时间大大缩短。在手抄本时代，一部书籍抄写多遍所耗费的时日是很久的，如《十三经》白文不下 100 万字，假设一个抄书手日抄 10000 字，至少需 100 个工作日才能完成。而印刷术发明之后，一天就能印 100 册书。当然，制作雕版需要的时间更久些，但雕版完成后，便能以较快的速度和较便宜的成本印制更多的复本。其次，是文献的价钱大幅度下降。抄书需要投入大量的、长久的人工劳动，书籍的价钱自然不便宜。而当时雕版印制的文献价钱却很便宜，仅为手抄本价钱的十分之一。自唐至明约七百年间，学者普遍估计，印刷术使文献制作成本平均降低了 90% 左右。在欧洲，古登堡的铅活字印刷术发明后约二十年间，印刷本的价格降为手抄本的五分之一。

3. 形式统一

印刷技术的应用和发展使得文献的外在形式统一、版面标准化、字体固定、校勘仔细，所以在雕版印刷之后产生了大量的好版本。印本与抄本的外形虽相同，但印本的一些版面特色是抄本不具备的，如版心的"鱼尾"和"象鼻"以及书前的"牌记"，提供了印刷的年代和处所等相关资料，为后人的版本鉴定提供了线索和依据。自宋以来，印本字体常随当时风行的书法而变化。但自 16 世纪以来，一般印本的字体固定成型，由书写体变为印

刷体，即"宋体"，直线多而曲线少，易于雕刻，通行至今成为现代一般印刷品的标准字体。印本因流传久远，通常在刊印前要做充分的准备，以确保样本内容正确无误。所以，无论是官修或私印，在印书之前首先要校勘各种版本。在印刷成书之前要经过抄写、上板、刊刻和试印，然后再校对至少四次，才正式印刷。经过如此精心校勘而完成的印本，自然与手抄本普遍存在无心之误的情况不能相提并论。

五、信息印刷术与文献传播的关系

1. 抄本时代，文献以传播宗教思想为主

从东汉到隋唐，尽管抄书在我国民间和官府都很盛行，但大都抄写的是宗教经典。到印刷术普遍应用以后，大量非宗教类的文献，如一般的诗文集、学术著作以及经、史、小学、蒙求、字典、韵书、读本、参考用书、通俗读物、民间应用的日历等印制的数量超过了宗教类文献。

在唐代，佛经的印制还比较普遍，五代儒家经典开始被印刷，10世纪初后唐宰相冯道以雕版刊印《九经》，此后，经、史及其他各种著述的印制日增。一般认为，宋代经典研究的复兴及学术风尚改变与印刷术普遍应用有关。宋代是中国学术思想史上的一个重要时期，在经学、理学、史学、文学、美术、金石和科技等各方面都有特殊的成就。例如，形成了迄今通行的儒家经典《十三经》，官修正史《十七史》也首次印行，地方史志得以编纂，数学、工艺、医学和科技类新作相继问世，还编印了篇幅庞大的类书和丛书等，由此儒学在中国传统思想中得以复兴，并支配了中国社会六七百年。这种趋势在欧洲也同样存在。

中世纪的欧洲，文献的制作是依靠一些僧侣和学者在修道院和大学里以手抄方式进行，其内容大多为宗教和神学，不涉及古代文明、古代哲学、政治和法律等。正如恩格斯指出："中世纪只知道一种意识形态，即宗教和神学。"15世纪中叶，欧洲开始采用铅活字和印刷机制作文献，由此，印刷术成为文艺复兴运动中的一个强大工具、人文科学复兴的手段。大量的法律、自然科学、医学以及人文学者的著作被印刷和流传，宗教著作的地位逐渐为人文主义的作品所取代，文献传播的思想内容由宗教转向了人文主义科学，教会对学术和思想的垄断遭受世俗人士的挑战。据说，在印刷术传入英国之后，在宗教改革中出现了宣传反封建思想的小册子，1529年英国国王亨利八世公布了第一个禁书法案。1557年玛丽女王成立皇家特许出版公司，特许条例规定：只有公司会员和经女王特许者才能从事印刷业。尽管如此，新思想、新信息随着印刷时代的到来变成了一股无法遏制的时代潮流，激发了欧洲各民族的理智思潮。

2. 印刷术的发明促使人类历史从神学时代走向科学时代

科技的传播与发展是一个国家、一个民族的经济、科技、教育发展水平和社会文明进步的重要标志。印刷术发明前，国内外文献的内容很少涉及科技知识。印刷术在全世界流传后，一批有影响的科技著作得以出版传播，科技文献传播的思想和理论从此冲破了居于

统治地位的神学的禁锢,自然科学从神学中解放出来,开始了近代自然科学的革命。

1494 年意大利的帕奇欧里发表《算术集成》,传播了当时的关于算术、代数和三角学的知识。

1533 年德国约·米勒的《论各种三角形》出版,系统地总结了三角学,这是欧洲第一部独立于天文学的三角学著作,是欧洲传播三角学的源泉,为三角学在平面和球面几何中的应用建立了牢固的基础,对 16 世纪的数学家和天文学家(如哥白尼)产生了极大的影响。哥白尼的太阳系革命学说《天体运行论》于 1543 年公开出版,成为"自然科学用来宣布独立"的革命行为。

伽利略于 1632 年发表了《关于托勒密和哥白尼两大主要世界体系的对话》一书,支持并发展了日心说。而牛顿就是在这些基础上总结概括出机械运动的三个基本定律,写出了被人们视为十七世纪数学百科全书的《自然哲学之数学原理》。

1637 年,法国的笛卡尔出版《几何学》,提出了解析几何,把变量引进数学,成为"数学中的转折点"。

1661 年,波义耳出版了《怀疑派化学家》一书,定义了元素的概念,使化学家脱离了炼金术而建立在科学的基础上,恩格斯称誉其起到了"把化学确立为科学"的作用。

正是在应用印刷术的基础上,这些科技著作的公开出版才成为可能,并为人类记录和传播了大量的科技知识,而一旦它们被记载、出版和传播,著作里所载的先进思想和科学技术就在人类的历史长河中起到了难以估量的作用,这可从科学技术发展的历程中得到充分证明。

3. 印刷技术的发明促进了社会文化交流

印刷技术在世界各地特别是欧洲和美国广泛流传后,文献的生产和贸易得到了充分发展,印刷型文献成为社会文化交流的最重要传播媒介。例如,早期到美国定居的欧洲移民随身携带的贵重物品之一便是印刷图书,欧洲印刷的图书资料大量出口到美国及其他国家。从 16 世纪开始,意大利、法国、德国和英国等国的图书馆事业开始建立并获得了蓬勃的发展;18 世纪美国人兴起了收费图书馆;19 世纪,许多依靠税收建立的图书馆逐步向公众开放,标志着免费的、由征税维持的公共传播机构开始成为美国社会文化交流的一个重要部分。印刷型文献的大量生产和在世界范围内的广泛交易,使得许多国家的公共图书馆得以建立和普及,为文献传播创造了更良好的社会交流环境,文献在民众中发挥的社会功能更广泛、更深入,社会文化交流更为通畅和活跃。

4. 印刷技术的发明改变了人们接受文献信息的方式

印刷术发明之前读书人很少,生产速度缓慢而价格昂贵的手抄本不可能在广大公众中流传,对文字符号的读解能力基本上还属于政府、官吏以及统治阶层的特权,广大民众接收的信息依然是以语言为主。印刷术的出现不仅迎来了近代报刊的诞生,印刷型文献也成为工业化典型的产品,这种文献以印刷文字为主要编码手段,排列整齐、规格统一、装订成册，表达的信息准确、规范、抽象概括，在社会上广泛流通，只有在这个时候，用文字符号去表现或传播人生的各种经验才能成为大部分民众的选择。人们通过手势和表情来传达信息的比重逐步下降，更多地用文字书面符号表达自己的思想和感情，传统的以看为中心的直觉方式逐步转变为以阅读为中心的阐释方式。这就是人类逐步从以感受为核心的"视觉文化"转变为以理解为核心的"概念性文化"时期，而这却是印刷术发明后才转变的。大众接受文献信息的方式以阅读印刷文献为主，文献信息的接收者就是读者，读者可以自由地决定阅读的时间、地点、速度和方式，反复重复阅读，彻底摆脱了人类交流的时间和空间的阻碍，人类知识可以独立于人脑而物化为固态的精神产品，并在商品经济发达的今天成为具有著作权的商品。

印刷术对中国和西方的文献生产和传播方面的功能是基本相似的，都使文献的产量增加、制作迅速、成本降低、形式统一、流传广远，文献由此逐步成为社会公众的共同知识财富而非只是少数特权阶层的私有财产，语言文字的权威被削弱，人们开始用文字符号来交流思想而不仅仅是发布公告，不同学术思想的交流和对话范围得到扩大，影响了学术风尚和社会发展，从而推动了世界文明的进步。

第三节　信息的缩微存储技术

一、信息缩微存储技术概述

（一）信息缩微技术的概念及其发展过程

1. 信息缩微技术的概念

缩微技术主要指缩微胶片制作、存储和利用的技术。缩微拍摄，是在感光材料（通常是胶片）上记录缩微影像的技术过程。缩微技术是文献管理、存储的一种有效手段，它采用专门的设备、材料和工艺，把文献资料以缩小影像的形式拍摄记录在胶片上，经加工制作成缩微品保存和使用。随着信息技术的发展，缩微胶片已成为信息传播的重要载体之一，缩微技术作为有效的信息管理手段已卓有成效。

2. 缩微技术发展过程

随着社会的发展，各种图书报刊、文献资料等记录信息与日俱增，摆在各图书馆和档案情报部门面前的另一难题是：大量藏书经过百年贮藏和不断流通，普遍发生了腐蚀和风化现象。巴黎法国国立图书馆有 1/5 的藏书处于自毁状态，其中部分藏书只要稍一触及，即化成碎片。

1800 年创建的美国国会图书馆，几千万册藏书中，目前已有 700 万册出现了严重的粉化现象。为了抢救藏书，各图书馆都在研究对策。图书文献记录着人类在社会科学、自然科学方面的丰实知识，是人类的宝贵财富。如何有效保存、流通和利用这些财富，缩微技术为解决上述问题提供了条件。

缩微技术从产生到今天已经经历 100 多年的历史，缩微技术的历史按其发展的历程，大体可分为四个时期，即萌芽时期、探索时期、开发与发展时期、同新技术结合时期。

（1）萌芽时期（1839—1860 年）

缩微技术是在摄影技术的基础上产生与发展起来的。

1837 年，法国人达盖尔发明银版摄影术。

1839 年，英国物理学家、摄影师、缩微技术的创始人约翰·丹塞（John Dancer）在实验室利用显微镜装置成功地将 20 英寸的文件缩微成 1/8 英寸的缩微品。丹塞把摄影技术首先运用在记录文字原件的实践中，被公认为是缩微技术的开端。

（2）探索时期（1860—1925 年）

19 世纪 60 年代，丹塞把一本 56 页的论文集拍成尺寸为 10mm×10mm 的缩微品。

1870 年，法国人达格朗将情报资料的影像按 1/40~1/50 的缩小比例拍摄在 30mm×50mm 的照相版上。

1924 年德国生产了能拍摄文献的小型摄影机，在这一历史时期内，缩影技术还仅仅是处于实验和探索之中，尚未推广使用。

（3）开发与发展时期（1925—1958 年）

从 20 世纪 20 年代起，由于摄影器材和感光材料的不断发展，缩微摄影技术也得到相应提高，并出现了专用的缩微摄影机。

1925 年，美国银行家乔治·麦卡锡设计了一台缩微摄影机，用来保存支票记录，防止伪造支票。

帝国信托公司与依斯特曼·柯达公司合作，在乔治·麦卡锡设计的缩微摄影机的基础上，研制了世界上第一台旋转式缩微摄影机 RecodMck1-3 型。

1932 年，美国国会图书馆利用照相装置，将馆藏资料拍成缩微胶片并向读者提供。

1933 年，《纽约先驱论坛报》与柯达公司共同研制出拍摄报纸用的平台式缩微摄影机，用于储藏报纸。

1936 年，德国的 J. 戈贝尔（J.Goebel）研制出缩微平片。缩微平片使用方便，易于对珍贵资料进行存储，使十检索、邮寄和使用。

1954 年，美国研制出第一台计算机输出缩微胶片装置（Computer Output Microfilm，COM）问世，开辟了缩微存储的新方向。

1957 年，缩微阅读复印机问世。

1961 年，盒式胶片阅读机问世。

从此以后，缩微存储技术蓬勃发展，应用领域日益广泛，成为与纸印刷存储并存的、被人们普通接受的存储技术。作为信息存储技术，人们保留景物、人物的照相方式使用较为广泛。此外，它还用于信息中心、图书馆、科研机构存储重要信息。

（4）与新技术结合时期（1958 年至今）

现代科学技术的进步促进了缩微摄影技术的提高与发展，特别是计算机技术、激光信息技术等给缩微摄影技术的发展带来了新的生命力。在 20 世纪 60 年代出现了计算机辅助检索系统，可使密集信息存储技术与快速检索技术完好地结合起来，满足了现代信息社会对信息高密集存储和快速检索的需要。近些年来开发了以计算机为基础，将光盘、磁盘与缩微胶片结合起来的复合信息管理系统，促进了网络复合型的信息和影像管理系统的发展，并使缩微摄影技术在现代信息处理领域中发挥了更大作用。

（二）信息缩微技术的优缺点

1. 缩微技术的优点

（1）存储密度大

缩微是利用摄影的方法将原件的缩小影像记录在缩微胶片上，普通缩小比率范围为 1/7~1/48，缩小影像是原面积的 1/49~1/2304。超高缩小比率可达 1/90~1/250，其缩小影像是原面积的 1/8100~1/62500。缩微胶片的存储密度同目前光盘的信息存储密度近似。存储密度和成本方面，缩微存储亦具有明显优势。

（2）稳定性和记录效果好

缩微技术经过了 100 多年的发展，缩微设备的镜头、测点、曝光、自动对焦、冲洗温控等性能已非常完善，缩微胶片和前置设备今后不会有很大的变化，可以说缩微技术是一种完全成熟稳定的技术。

缩微属于模拟记录方式，用缩微方法拍摄档案、图书和资料时，可将原件的形状、内容、格式、字体以及图形等原貌真实地记录在缩微胶片上，形成与原件完全相同的缩小影像。如果需要表现原件的着色，可使用彩色缩微胶片拍摄，以获得质量好、可读性高的复制品。

（3）便于使用

缩微品是利用摄影的方法将原件上的信息记录在缩微胶片上的信息载体。缩微胶片可直接放大阅读，无须解码和翻译。不受技术发展的影响，且便于携带，不受电磁场的干扰。可以用缩微品的形式开发馆际间和国际间的互借活动，以达到资源共享的目的。

（4）记录速度快

利用缩微摄影技术记录信息时，连续拍摄的轮转式缩微摄影机每分钟可记录 A4 幅面的原件 200~300 页，计算机输出缩微胶片装置（COM）每分钟可记录相当于 A4 幅面的原件 500 页。当被拍摄原件的数量越大时，其优越性也就越显著。

（5）具有凭证作用

缩微品记录是一种缩微胶片记录，是一种忠实于原件的影像记录技术。复制的副本，保持原件的本来面貌，反映信息真实可靠。按照法律规定缩微波片放大显示、还原，能具有与原件一致的法律凭证作用。缩微技术是一次拍摄成像，影像具有不可逆性，不能修改，能够保证档案的真实性、可靠性。美国、日本、加拿大、英国等国家已允许缩微品作为法律上的原始证据。

（6）缩微胶片规格统一，标准化程度高

利用缩微复制方法，可使各种不同幅面和质量的原件记录在规格统一的缩微胶片上，且再复制时简便易行。

缩微技术经过了 100 多年的探索和实践，已经形成一套完整的国际技术标准和我国国家技术标准。目前 ISO 国际标准已有 30 种，我国的标准也很完善，如国家档案局颁布的《缩微摄影技术在 16mm 卷片上拍摄档案的规定》和《缩微摄影技术在 A6 平片上拍摄档案的规定》等。各种规格的缩微品只要按照这些标准制作，就可以在任何国家使用。

（7）有利于长期保存

老化试验表明，在一定条件下，缩微胶片寿命可达 500 年，甚至有报道称，缩微胶片的保存期限为 1000 年。从实际上看，国外 19 世纪三四十年代产生的缩微品，至今大都保存完好。实践证明，在一定保存条件下，缩微胶片保存一百年以上不成问题，甚至会更长久。文献资料摄制成缩微品存储，不仅可以保护原件和原底片的安全，还可以拷贝多个副本，从而避免了由于人为或自然的损害所造成的无法挽回的损失。在我国现存的档案和书刊中，有许多珍本、孤本和善本等大量珍贵的历史文献，把这些濒临毁灭的历史文献制成缩微品，并以缩微品的形式提供利用，将原件妥善地保存起来，可以提高文献的利用率。

（8）提高办公效率

利用缩微摄影技术可以将信息制成缩微品进行检索、显示和复印。此外，缩微胶片上的信息数字化后可输入计算机内或转换到光盘上进行快速处理，计算机的输出信息也可以记录在缩微胶片上进行存储、长期保存，还可以将缩微胶片上的影像转换为电信号进行远距离传递。

（9）信息安全性强

一方面，缩微胶片对设备依赖小。缩微胶片记录的是光学影像，靠的是光影成像原理进行阅读。所以，不管阅读器外观、性能如何变化，其光影成像原理是不会变的，这样的话，胶片就都能读出来。在缺乏设备时，只要用一个足够倍数的放大镜，就可以进行阅读。而不像光盘，对计算机依赖大，一旦更新换代，不注意保存好相应设备就有可能读不出来。另一方面，缩微胶片即使有点损坏也是局部的信息损坏，其他信息仍然可以阅读。但是光盘遇到计算机病毒、网络黑客破坏系统、文献信息丢失无法察觉等问题，一旦受伤，就全盘不能读出，信息数据丢失严重性可想而知。

2. 缩微技术的缺点

（1）不能解决各种形式信息的存储问题

作为信息存储的一种技术方法，缩微技术主要适用于对原件上静止图文信息的一次性记录，不适用于对音响信息、活动图像信息的记录。

（2）保管条件要求严格

缩微品是可以长期保存的，但是需要有符合要求的保管条件。如果在湿度大、温度高的环境中保存，缩微胶片的保管条件要求更高，库房及环境条件要求更严格。

（3）阅读时眼睛易疲劳

阅读复印缩微品必须一定的光学设备，而利用阅读器屏幕阅读缩微品影像比直接阅读原件更容易使眼睛疲劳。

（4）没有书刊的美感

在阅读器屏幕上阅读缩微影像，不能像阅读纸质原件那样给人一种舒畅的感觉，更无法与阅读那些印刷质地优良的印刷品相比。

（5）阅读时不能加注和批改

有些人在阅读文件、书刊时，需要随时在上面加批注，而缩微品无法实现他们的这些要求。

（6）不能完全代替珍品

不少国家的法律条文规定缩微品具有法律效力，有与原件相同的凭证作用。但是它还不能被当作珍品收藏，因为缩微摄影技术方法还不能将原件上有关的全部信息都记录下来。例如，它不能反映纸张的质地、托裱状态等情况，这就使得缩微品还不能完全代替珍贵原件。

二、我国图书馆应用信息缩微技术状况

自从 1985 年我国成立了全国图书馆文献缩微复制中心（以下简称"中心"）以来，抢救祖国文化典籍的缩微复制工作一直在各个省级公共图书馆大力进行，并已取得较大的成果。以下是我国缩微技术在图书馆应用的一个范例。

作为一个历史悠久的文化古国，前人留给我们的典籍史料是十分丰富的，根据粗略统计，仅我国大陆公共图书馆系统收藏的古籍善本即为 2.209 万册，普通古籍 2.645 万册，已经与将要收入《民国时期总书目》的普通平装书 11 万余种（主要是上海、北京、重庆三地馆藏数字，全国实际藏书要超过此数）。根据《中文期刊联合目录》和《中文报纸联合目录》的统计，从 19 世纪下半叶至 1945 年以前出版的旧期刊 29000 余种，旧报纸约7800 种，至于许多珍贵的手稿、碑拓、经卷、档案及分藏于各馆之其他地方文献，则尚无准确统计。面对这种情况，全国省级公共图书馆的缩微工作人员在"中心"的统一领导下做了大量工作。

1. 保证了缩微品的质量

"中心"统一领导组织规划工作，可以保证各单位拍摄的内容不重复；在技术上由于制定了必要的标准及检查制度，保证了缩微品的质量符合国家标准。

2. 实现了合理布局

对每一个拍摄点的设置都经过仔细调查，做到了布局合理，如广东中山图书馆是东南地区的一个资料中心，四川和重庆馆是西南地区的资料中心，辽宁、吉林是东北地区的资料中心等。

3. 对设备进行了比较合理的选型与配套

除北京、上海拥有较雄厚设备外，其他省馆拍摄点设备也是精干和实用，基本配有16mm 与 35mm 两用缩微摄影机，一台高温快速自动冲洗机，一台常温与高温两用冲洗机，一台拷贝机，一套检测系统，若干阅读器，一台放大（阅读）复印机，这些设备可以满足完成"抢救"任务的需要。

4. "中心"协调了全国省市图书馆的力量

为了搞好缩拍前的大量资料准备工作，除了在每个拍摄点设置一个 5~12 人的编辑整理组，负责拍摄前原始资料的修复、借调、编辑等工作外，对无设备的省市公共图书馆也派出专门人员设立了资料整理组，积极支持全国统一协调的缩微计划，从而动员了全国省市图书馆的力量，加快了抢救速度，保证了资料的准确性与完整性。

5. 建立了一支专业队伍，培养了缩微专业技术力量

由于有"中心"统一指挥，定期进行技术培训，使缩微技术队伍在各省级图书馆得到了不断发展和壮大

6. 完善发展了馆藏

每个馆都有自己的馆藏特点和收藏体系。但是由于各种原因，这个体系遭到一些破坏。例如，"文革"期间，许多图书馆的收藏工作受到影响；有的馆由于采购经费不足，被动造成连续出版物中断等，现在补救的最好办法是依靠缩微技术，以缩微品形式将中断的期刊或其他出版物补齐。有些资料自己馆缺少的话，可以通过"中心"或与其他馆的交流复制获取，使图书馆的馆藏得到丰富、发展。

随着科学技术的进步，各类图书、科技刊物的出版如雨后春笋，我国图书馆的工作面临的挑战是：如何有效利用信息资源为读者提供高质量的服务。缩微技术在图书馆的应用为其提供了廉价而优质的服务。

三、关于信息缩微技术的标准化

（一）信息缩微技术标准化存在的问题

20 多年来，我国缩微技术在生产、科研、人才培养、学术交流、推广应用等方面都取得了较大进步，在解决信息存储、传递、保管和利用等方面发挥出更加明显的作用。

1. 缩微技术工作发展简况

我国缩微摄影技术应用的历史可追溯到 20 世纪中叶。自 20 世纪 50 年代引进国外缩

微设备，装备国内较大的档案馆、图书馆、情报所和一些主要部门，到 20 世纪 70 年代末80 年代初，我国缩微事业进入一个新的发展时期，大约有 90% 的省市档案馆，500 万册以上的省级图书馆，以及许多情报部门、大型企业、中央单位和军事机关等近 400 个单位和部门采用了缩微技术来处理档案、图书和情报资料信息。

1980 年 3 月，全国文献工作标准化技术委员会成立，我国缩微摄影技术标准的编制、修订工作开始起步。

1987 年 6 月，全国缩微摄影技术标准化技术委员会（简称全国缩标委）在北京宣告成立，标志着我国缩微摄影技术的标准化工作进入独立发展阶段，对统一我国缩微摄影技术行业的技术行为有至关重要的推动作用。

1994 年，中国缩微摄影技术协会经民政部批准正式成立，为我国缩微摄影技术事业的发展打下了制度化、标准化的基础及提供了组织上、管理上的保障。

半个多世纪以来，缩微技术得到了迅速发展，并且同其他新技术有效结合起来，已成为一项比较成熟的信息处理技术。缩微技术经久不衰，主要原因是缩微胶片已经成为文献资料复制存储的一种有效介质，具有特殊的优势：体积小，密度高；记录影像具有凭证作用；复制比较简便易行；费用较低；技术易掌握和有利于安全保存等，在信息处理领域中起着重要作用，占有不可或缺的一席之地。虽然缩微工作在我国一直开展得有声有色，如火如荼，但是在缩微标准的贯彻落实中还存在着一些问题，需要引起重视，加以解决。

2. 缩微标准落实中的问题

从我国开展缩微工作比较早的几个单位来看，虽然在标准的贯彻和执行上做了一些工作，也取得了一些成绩，但在标准的掌握和使用上仍然存在一些问题。例如，在标识标板的编排顺序和涵盖内容上，在档案技术标板的摆放位置及测试方法上，在卷、件标板的使用及光点的设置上，在工作档案的建立及组卷方式上还不够统一。一些新开展缩微工作的单位，由于技术人员缺乏对标准的系统学习和掌握，执行起来问题会更多，困难会更大。有的单位为赶工作进度，在标板还不健全的情况下就仓促上马；有的单位为节省时间，不经论证就开始工作；有的标准已经变更，但是没有及时传达贯彻落实相关单位，造成新旧标准混用和不统一。凡此种种，都给缩微工作带来一些不利影响。

3. 问题的原因

（1）宣传力度不够

全国文影标每年都在制定、修订文献影像技术标准，可以说在缩微工作的各个环节都有可参考执行的标准。但是，由于在宣传和培训上缺少组织力度，标准不能及时有效地传达到各级机关、单位、档案、图书、情报等有关部门，在执行行业标准过程中，出现各自为战、参差不齐的问题，在有的单位标准得不到有效的贯彻落实。

（2）管理不够正规

缩微工作是一个比较复杂的系统工程，各环节之间既有它的独立性，又有其内在的紧密联系。因此，从整理、编排到拍摄，从缩微胶片的冲洗、拷贝到质量检测，从缩微品的管理、使用到工作档案的建立等环节，都必须有明确的职责分工，有一套科学的管理办法，有健全的监督机制和严格的规章制度，按照缩微行业标准的规范要求，保证各项工作正常有序地进行。但就目前来看，还存在一些问题。比如，职责分工还不够明确，有规章制度但是执行还不够严格，有监督机制但是往往因照顾面子而缺少结果等，从而使管理工作达不到预期效果，使国家标准在缩微工作中还不能有序地切实贯彻到各个工作环节中去。

（二）方法措施

1.抓好标准的贯彻落实

缩微标准是缩微品制作、保存与使用等一系列缩微技术工作达到标准化、规范化的科学依据和保证，离开了这些标准，对缩微工作的监督和检查就会失去标准，缩微品的质量就难以保证，缩微品的利用就会直接受到影响，更谈不上缩微品作为原件的替代品被长久保存。在缩微标准的贯彻落实中，要注意做到以下几点。

（1）加强领导，狠抓落实

各个开展缩微工作的单位都要加强对缩微标准制定工作的领导，根据实际制定规划并认真组织落实，要建立缩微标准贯彻落实的工作责任制，明确职责，实行目标管理，做到有部署，有检查，注重实效，防止形式主义。

（2）要有针对性

所谓有针对性，即既要兼顾全面，又要有主体；既要有缩微工作人员共同需要学习的内容，又要有领导干部和对外服务窗口人员了解的内容。

（3）学用结合，建章立制

要坚持学标准与用标准相结合，制定和完善缩微标准以此规范缩微工作，提高缩微工作依标治理的水平，同时要建立健全缩微部门领导干部学习标准、了解标准、抓标准落实的制度，建立健全缩微工作人员缩微标准学习培训、考核制度。

2.提高标准化意识水平

（1）多种途径，广泛宣传

全国文献影像技术标准化技术委员会要以多种形式积极开展缩微标准宣传活动。例如，充分发挥缩微刊物的作用，组织本专业的国家标准宣讲团宣讲标准，制作发行缩微标准的合订本，举办缩微标准学习研讨班，提高缩微领导部门和工作人员的行业标准意识和法规意识。

（2）增强意识，落实行动

标准的正确实施，一方面，要靠缩微管理部门运用有效的法律手段、行政手段、经济手段等作为保证；另一方面，要依靠有关部门做好实施标准的宣传、教育和解释工作，提高对实施标准的现时意义和历史意义的认识，使上下逐渐形成有利于缩微标准实施的心理倾向和群体意识。只有这样，才能保证缩微标准深入人心，成为指导缩微人员工作的自觉思想和行动。

每一项国家标准和行业标准的制定实施，都是对国际先进技术和方法的间接采用，是实践经验和技术的融合，是推动本专业不断向深层次发展的催化剂，是统一规格、统一标准、统一管理的科学方法和技术手段。因此，在实际工作中，应该认真贯彻执行标准法规，不仅要借助标准提供的技术指标规范缩微工作，而且要依据标准来有效改善和摆脱大量的重复性劳动，提高工作效率，提高胶片加工的质量，提高缩微工作的科学管理和协调发展。

第四节　信息磁存储技术

一、信息磁存储技术的发展背景与特点

（一）信息磁存储技术的发展背景

现代社会的特征之一，就是信息的快速流动，并为每个普通人所分享。这种信息的普及，是建立在发达的信息工业的基础上的。庞大的信息工业，可以分为信息的处理（CPU）、信息的存储、信息的传输（通信、网络）、信息的输入输出（打印机、屏幕）这四个部分，每个部分的硬件相对独立，但是为了使一个系统运转，需要将这几个部分组合起来。电子化的信息存储，使得信息的快速复制、检索、大量保存、快速处理成为可能。信息存储系统的三个主要评价指标分别是存取速度（access rate）、单位价格（price per bit）、存储容量（storage capacity），这正体现了现代人对信息的基本需求。信息存储可以有三种主要的实现方式：具有最高存取速度的半导体存储（计算机内存、Flash 等），价格低廉、携带方便的光存储（光盘、DVD 等），以及具有最佳综合性能的磁存储（包括声音记录、图像记录、数据记录三种）。这三种信息存储方式各有自己的适用范围，互相不可替代。

磁存储发展最早，历史最长。目前，磁信息存储系统是全世界铁磁性材料最重要的应用市场，其产值要大于传统的应用于电机等系统的永磁材料和应用于磁芯的软磁材料。随着网络的普及、信息的爆炸性增长，全世界的磁信息存储市场很大，2005 年就达到了约1000 亿美元，其中声音记录和图像记录占了约 40% 的市场，数据记录占了约 60% 的市场，随着 PC 的普及，数据记录的市场比例还在增加。磁存储的市场需求包括公共需求（商业、金融业、军事、科学教育、健康卫生、政府部门的信息存储）、娱乐需求（录音、录像、游戏等）、个人信息管理等方面。录音机、录像机、计算机硬盘、软驱以及 1951 年开始使用的磁鼓外存、1977 年开始使用的计算机磁芯内存等，都是磁信息存储 100 多年来发展历史上的重要技术，并在最近 20 多年已经反过来对相关基础研究有很大的促进作用。

1. **声音记录**

1878 年，美国人 Oberlin Smith 参观了爱迪生的实验室，对其中的留声机产生了很大

兴趣。回家以后，他就画了一张设计图，发表在 Electrical World 杂志上，这张设计图基本体现了后来的磁记录系统的三部分基本结构：存储信息的磁媒体、读写信息的磁头、实现连续数据读写的机械传动系统。不过，他本人并没有具体做出实物。

1898 年，丹麦电信工程师 Valdemar Poulsen 制造出了第一台可以记录声音的钢丝电话留言机，这是人类历史上第一次利用铁磁性来存储信息。这台机器名叫 Telegraphone，样子很像滑线变阻器，也很像爱迪生的留声机的原始模型。他用的存储磁媒体就是钢琴丝；磁头就是一个简单的螺线管，不过当时磁学才刚刚起步，还没有很好的铁磁材料，这台机器的声音记录质量比不过留声机，并没有实现工业化生产，只是在巴黎国际博览会上受到了人们的注意。在历史上第一个取得技术突破和市场突破的是录音机。

1931 年，德国德累斯顿的一位工程师 Fritz Pfleumer 发明了"会发声的纸"，实际上就是第一台录音机。他将粉碎的铁磁颗粒用胶水粘在纸条上，做出了第一条磁带，这在当时是一种全新的磁媒体，可以记录 20 分钟的声音。可惜纸易碎，脆弱的纸条式磁带无法实用化，这个系统还需要改进。

1932 年，在 Pfleumer 的专利基础上，德国电信 AEG 公司和德国三大化学公司之一BASF 公司合作建立了磁带实验室。研发团队中的 Matthias 提出了一种复合材料式的双层磁带模型，底层为 30μm 厚的醋酸纤维素薄膜，上层为 20μm 厚的羟基铁粉末和醋酸纤维素的混合物，从而实现了真正的磁带。

1933 年，研发团队中一位 30 岁的工程师 Eduard Schueller 发明了环形磁头，这是磁记录工业的一个重要进展，从此以后，通过一个窄窄的磁隙，磁场可以被控制在一个很小的范围内，从而实现较高密度的信息存储。由于这个设计的重要性，后来几乎所有的电磁学教科书上，都介绍了这个环形磁头的设计。复合磁带（compositetape）、环形磁头（ringhead）以及磁带的初始交流消磁（acerasure）这三项重大技术，使得 AEG-BASF 团队研发的magnetophone 录音机信噪比超过 60dB，取得了很大成功，也体现了材料学、物理学、化学和电子学结合的强大威力。

2. 图像记录

在第二次世界大战中，有一个来自加州的美国空军的工程师 John Mullin，在英国听到了当时德国广播中播放的高保真度的音乐，这就是由 AEG-BASF 研发的 magnetophone 录音机播放的。战后，Mullin 通过美国军方把两台录音机及其设计图纸运回了加州旧金山，加州的一家在战时生产飞机用小电机的 Ampex 公司，此时面临没有军方订单的危机，听了 Mullin 带回的录音机播放的音乐，决定复制 magnetophone 录音机。录音机中的几乎所有机械装置、电机，都是 Ampex 公司熟悉的，只有两个核心部件：磁带和磁头，需要重新研制，以便大规模生产。Ampex 公司的工程师使用高磁导率的镍铁合金（ferronickel）替代了德国人用的环形磁头中的硅钢片，结果取得了更好的录音效果。

到 1947 年，复制并改进 magnetophone 录音机的工作取得了成功，Ampex 公司获得了美国 ABC 广播电视网的订单，此后一举打开了录音机市场。录音技术的成熟，使得广播电台运行成本下降，广播由此成为普通人生活的一部分。

1948 年，Jack Mullin 就考虑是否能做出录像机。在 20 世纪 50 年代初，固定磁头的录像机在美国和英国的多家公司的参与下做了出来。不过，由于图像信号需要的带宽为 MHz 的量级，录像磁带必须飞快地运行，这样磁带就需要非常长，很不方便。

1955 年，Ampex 的一个工程师 Ray Dolby 想到可以使用快速转动的磁头，并在磁带上横向扫描，这样来解决磁头和磁带之间需要很大的相对速度的问题。这个发明后来被称为鼓形磁头（drum head），圆筒边上每隔 90 度嵌入一个磁头，所以也被称为四磁头（quadruplex head）。Ampex 的工程师使用铝铁合金 Alfenol(16%Al, 84%Fe)作为磁头材料，比镍铁坡莫合金的抗磨损能力提高四倍。这个鼓形磁头的自转速度为 240rps，从而使录像带和磁头之间的相对速度达到 1500m/s，能实现 6MHz 图像记录所需的带宽。

1956 年，Ampex 请了当时各大广播公司 CBS、ABC、BBC 的代表来参观做好的录像机，图像非常清晰漂亮，大获成功。

录像机系统最重要的两个核心部件：录像带和磁头，后来也不断进行更新。1956 年，与 Ampex 的四磁头录像机配合的录像带，由杜邦公司和 3M 公司合作研发。杜邦公司生产的聚乙烯对苯二酸盐作为录像带的基底；3M 公司生产的 lpm 长的 γ-Fe_2O_3 针形颗粒，大致沿着磁带的横向排列，构成磁记录媒体，这种录像带可以播放 100 次。后来，3M 公司又不断研发出信噪比更高的录像磁带，并一直是美国颗粒磁记录媒体的主要厂家。

到了 1964 年，Ampex 公司的 Fred prost 使用一种新的合金 Sendust 代替原来的铝铁合金 Alfenol 做录像机磁头，使得磁头的使用寿命延长到几百个小时。在这种复合录像磁头中，磁头缝隙中的 Al_2O_3 或 SiO_2 薄膜是使用溅射的方法制备的，这也是薄膜溅射的方法比较早期的工业应用。录像技术的完善，使得电视录像带成了电影胶片以外第二种存储图像信号的介质。录像带的大量使用，使电视台的运行成本下降，电视台逐渐普及，播放时间变长，在 60 年代已经使电视进入寻常百姓家，并影响到美国的大选进程。

3. 数据记录

磁信息存储在声音记录和图像记录方面的成功，自然促使这种技术在其他形式的信息存储方面的应用。一般其他形式的信息，都是以数据的形式出现的，统称为数据记录。早期的电子计算机，每一个新的应用程序，都需要重新设计硬件与之配合。

1950 年以后，John von Neumann 提出的程序数字计算机的概念改变了计算机的基本结构，计算机包括一个简单而强大的处理器、一个程序和数据的存储区、一个控制器、一个输入输出设备共四个部分。计算机变得更容易使用了，硬件和软件变得相对独立，同时对数据存储提出了很高的要求。除了在计算机方面的应用，军事上的飞机和火箭的飞行数据（包括引擎温度、油压、电子系统电压、电流等）的记录、银行和金融业每天的业务数据的记录，都急需进行不易丢失的数据存储。这样，在录音、录像系统的基础上，开发磁数据存储系统就变得刻不容缓了。

在 20 世纪 40 年代，美国的数据都是用打孔机记录在数据纸上的。实际上在中国，这种技术到五六十年代进行"两弹一星"项目的时候还在使用。在 20 世纪 40 年代，国际商用机器公司（IBM）一直在做打孔式纸带的计算器，并有广泛的客户。到了 20 世纪 40 年代后期，IBM 开始认识到磁存储的重要性，购买了由 Rermington Rand 公司制造的美国第一台数据磁带机 Univac 系统。

1947—1948 年，美国军方在德国 magnetophone 录音机技术的基础上，研发了磁鼓数据记录系统（drum recorder），进行了比较快速的数据存储。

1951 年，IBM 在 Univac 的基础上开发出 720 磁带机，其中使用了类似于德国 magnetophone 的醋酸纤维素 - 铁氧体颗粒磁带作为数据记录媒体。另外，一个特殊设计的数据格式为不回零反转格式（non-return-to-zero inverse，缩写为 NRZI），磁头中的电流在 +1 和 -1 之间跃变，其中每次反转对应为二进制数 1，否则为 0，提高了数据存储密度。这台磁带机的数据传输速率为 7500bit/s，比打孔的纸带机快，但是仍然跟不上计算机需要的数据速率。虽然如此，磁带数据存储还是由此成为计算机的外存之一。

1957 年，IBM 推出了革命性的随机存取计算和控制方法（random access method of accounting and control，RAMAC）IBM 350 计算机硬盘。硬盘的基底是 1mm 多厚的铝合金圆盘，表面用 γ-Fe_2O_3 针形颗粒混在油漆中，用旋转涂覆（spin coating）方法制备磁记录层。硬盘的机械结构与鼓形数据磁带机类似，新设计了一个喷气旋转轴承和磁头—磁盘之间的空气间隙（air bearing），磁头在硬盘上的飞行速度很快，实现了 2obi/in^2 的数据记录面密度。

1971 年，Ampex 公司的 Robert Hunt 制造出了第一个磁阻磁头（MR Head），代替传统的环形磁头进行信号的读出，这样能解决在记录密度增高、磁头尺度减小的情况下，感应式磁头的信号不断按比例下降的难题。磁阻磁头的核心部分，是一个磁矩被调节到适当方向的 Ni-Fe 软磁薄膜，在存储数据的硬盘上飞过的时候，数据 1 对应的磁场较大，软磁薄膜中的磁矩随之转动，导致薄膜电阻和读出电压随之改变，信号就被读出了。磁阻磁头的读出灵敏度，要大大高于感应式薄膜磁头。后来，一般把磁阻磁头和薄膜磁头做在一起，成为一个读写复合磁头。Ampex 公司就在斯坦福大学的北面，是个典型的硅谷中小公司，他们在声音、图像信息存储技术中的多项创新，是很多硅谷高科技公司的成功创意的缩影。

1979 年，薄膜感应磁头（thin film inducted heads）开始在 IBM3370 硬盘中使用。薄膜磁头的制备，使用了半导体集成电路工业中通用的光刻技术，可以将磁头的尺度，尤其是磁隙的宽度进行精密的控制。薄膜磁头的第一层是 Ni-Fe 软磁层，作为磁头的一个磁极，然后覆盖一层薄薄的绝缘材料。在其上制备控制电流的 8 匝铜导线，在铜导线上再覆盖一层绝缘材料；最后是另一个软磁磁极。一系列薄膜磁头是在一个 Al_2O_3-TiC 陶瓷晶片上同时进行物理沉积的，切割以后就得到一系列硬盘中使用的磁头滑块，有很好的工业效率。薄膜磁头的发明，使得计算机硬盘的数据记录面密度达到了 7.7Mb/in^2。

在 1985 年和 1991 年，IBM 分别在数据磁带系统和计算机硬盘系统中使用了磁阻磁头。

1991 年的 IBM Corsair 硬盘，存储面密度达到了 90Mb/in^2，总存储容量达到了 1GB。

1986 年，金属多层薄膜 Fe/Cr/Fe 的巨磁阻效应被德国物理学家 grinberg P 发现，同时受到科学界和工业界的重视。

到了 1996 年，在计算机硬盘中，巨磁阻多层膜代替了一般的磁阻薄膜，大幅度提高了感应磁场信号的灵敏度，使得巨磁阻磁头（GMR Head）成为读磁头、数据记录而密度由此超过了 1 Gb/in²。

到 1997 年，计算机硬盘的密度达到了 2.6Gbit/in²，40 年之内，面密度大约每两年翻一番，一共增长了一千多万倍，堪称奇迹。在计算机硬盘 40 多年的发展历史中，有几项技术起了关键性的作用，其中包括薄膜写磁头、磁阻和巨磁阻读磁头，高矫顽力的薄膜硬盘，以及部分响应最大相似（partial response maximum likelihood，PRML）信号处理系统，其中多项技术与凝聚态物理和材料科学的发展有很大的关系。

记录信息的硬盘磁媒体，与磁头总是协同进步的。硬盘的基底是机械性能很好的 Al-Mg 合金，在其上有一个 10μm 厚的 NiP 层，这个很硬的 NiP 层可以用化学法减薄至 5μm，最后可以使表面变得非常完美而平整。然后，在 NiP 层上溅射几十纳米厚的 Cr 底层，在其上再溅射 10nm 到几十纳米厚的 Co-Cr 合金磁记录层，根据金属物理的基本原理，Cr 底层的表面结构决定了具有六角结构的 Co-Cr 合金原胞的取向（到目前为止，绝大多数硬盘中的磁薄膜的磁矩都是水平取向的），从而可以控制自发磁化的取向，以及纳米糙颗粒之间的交换相互作用，这样 Co-Cr 合金薄膜层的水平矫顽力可以达到 30000e（1Oe=79.5775A/m）以上，可以实现超高密度的磁记录。

二进制的信号存储要求每个比特中的信息尽量独立、互不干扰。高矫顽力之所以对高密度数据存储有利，是因为相邻比特之间的静磁相互作用正比于 Ms/Hc，所以，目前最好的硬盘薄膜，在能读出信号的前提下，尽量减小薄膜的饱和磁化强度，增大矫顽力。在钴合金的薄膜上面，一般还需要溅射 10nm 左右的类金刚石碳薄膜，保护磁记录媒体。为了减小磁头和硬盘之间的摩擦，由化学家研究出来的 2~3nm 的高分子润滑层要涂覆在类金刚石层表面，最终完成硬盘的结构。

到 2003 年，计算机硬盘在实验室中的存储密度已经超过了 100Gb/in²，也就是说，硬盘薄膜中每一位二进制数对应的一个比特占有的面积小于 80nm 见方的尺度（实际上比特长度小而磁道宽度大，单个比特的形状为长方体）。为了实现这么小的尺度，必须在磁存储介质的制备、纳米磁头器件的制备、微磁学理论、信号处理、摩擦学等诸领域有强大的基础研究综合能力，互相配合才能实现目前的磁信息存储技术。

（二）信息磁存储的特点

与其他存储方法（如唱片记录、照相法、印刷法）相比，磁性存储具有以下特点。

1. 记录密度高、存储容量大。

2. 信息的写入和输出速度快，可以立即重放和再现。

3. 存储的信息经过千百次重放以后仍可保持原有的特性。

4. 可将原先存储的信息抹掉，重新存储，即磁存储介质可以多次重复使用。

5. 可以实现多通道存储，尤其是对数字存储，可以将多个磁头装配在一起，存储许多磁迹。这就是说，可以同时将上千个二进制信息存储在一条磁带上，而且能够保证这些信号至通道间保持精确的时间间隔和相位关系。

6. 记录和存储的信息稳定性高、不会挥发。

7. 成本低、维护简单，适于大量生产。

磁存储虽有上述各种优点，也存在不足之处。例如，磁带的制造、保存和使用过程均对环境有很高要求，因为它对机械振动、温度、电磁场和尘埃都十分敏感；磁带存储仪和磁盘机等对伺服机械装置的精密度要求高，因而十分复杂。对计算机系统来说，这些部件往往是最不可靠的。此外，磁记录介质的可消抹性既是它的一个优点，也是这种记录方式的固有缺陷，有时为了避免信号被抹掉而不得不采取必要的手段。

二、信息磁存储的类型

磁存储的类型较多，主要有磁带存储、磁盘存储、磁泡存储器等。

（一）信息磁带存储

磁带存储是早期使用最广泛的存储技术。由于磁带记录的可重放性、记录方式的灵活多样性及简单而廉价，使其作为辅助存储设备得到了广泛应用。近年来，磁盘在很多应用中取代了磁带的地位。但由于磁带具有价格便宜、存储量大、使用方便和便于保存等优点，所以在大型计算机系统中使用磁盘存储器的同时，仍使用磁带存储器。只是在微机系统中，因为所需的存储量较小，通常使用软、硬磁盘存储器，而没有磁带存储设备。

1. 磁带的分类

磁带可按使用场合、装带方式、带宽尺寸、功能、磁性材料、用途等进行分类。
按用途可以分录音磁带、录像磁带、计测（仪器）磁带、计算机磁带等。

2. 磁带存储技术的新进展

随着磁盘和光盘技术的迅速发展，很多人认为磁带存储技术将要被淘汰，实际情况并不是这样。

首先，人们普遍认为光盘的速度比磁带快。事实上，如果访问的数据块不大（例如几个 MB），且数据分布在不同的扇区内，由于光盘具有直接检索能力，在这种情况下光盘的速度要比磁带快。当数据块比较大的时候，或者需要写入数据的时候，磁带的速度要比光盘快。通常光盘的写入速度是读出的一倍，而磁带写和读的速度都一样。在数据传输能力方面，新一代的磁带机如 DLTT0，都要比光盘快得多。所以，光盘并不适用于大型的数据备份，它最适用于小文件的备份、多媒体数据库、文献检索等场合。

其次，由于光盘寿命长，一般可以达到 100 年，MO 磁光盘也可以达到 30 年。因此，当人们需要保存历史资料时，通常都会考虑使用光盘。光盘片的保存时间确实比较长，而且对环境的要求不高，可是人们说的寿命也应该包括技术寿命。众所周知，目前世界存储技术发展最快的是光盘存储技术，光盘技术正不断更新换代。但各种光盘存储技术之间的最大问题是兼容性，今天所用的各式各样的光盘片，尽管光盘片本身可以保存 100 年不变，但三五年后可能已经找不到一台可以支持这种光盘的驱动器了。反观磁带的技术寿命却比较长，20 世纪 60 年代开始使用的 1/2 英寸磁带在今天仍然可以买到一台 1/2 英寸九轨磁带机去读写它。至于磁带介质的使用和保存问题，今天的新型磁带，如 DTL、DD3 等都采用了新的表面涂料——金属粒子，因而具有耐磨、保存时间长的特点，驱动器的硬件技术也比过去大大提高了。

在价格方面，尽管磁光盘的成本在不断降低，但磁带的每兆字节价格依然是最低的。随着数字化技术和信息存储技术的发展，磁带存储技术也获得了质的变革。它们表现在以下几个方面。

（1）从性能指标上看

信噪比和动态范围均从 30dB 提高到了 90dB，记录时间从 5 分钟到 5 小时提高到了 50 分钟到 426 小时，快记慢放或慢记快放的速度变化范围从 64：1 扩大到了 512：1，失真可做到小于 0.016%。数据传输率达 24Mb/s，单盒容量达 25GB。

（2）提供了与计算机良好的接口

如今，用户只需一台数字化磁带记录仪，加上一台笔记本电脑，即可实现数据采集、记录、分析、处理和存储的全套功能。

（3）功能增强，操作与使用上更方便。例如，快速数据查询和注释、自动校正、纠错、交叉重放兼容性等。

（二）信息磁盘存储

磁带存储的突出优点是比其他存储方法便宜，而且由于数据载体可以更换，所以存储容量可以随意扩充。但磁带的结构使之只能顺序存取，所以磁带在应用上受到了限制。与此相反，磁盘不仅可以顺序存取数据，还能直接随机存取所需数据，存取时间比磁带更短，也可随意更换载体，扩充容量。

1.磁盘存储器的基本组成

磁盘存储器由磁盘驱动器、磁盘控制器和磁盘片组成。主机（CPU）通过磁盘控制器与磁盘驱动器相接。CPU 并不直接控制磁盘操作，而是以命令的形式发送给磁盘控制器，由磁盘控制器产生若干控制信号送给磁盘驱动器。然后，由磁盘驱动器将磁盘控制器送来的信号转换成驱动磁盘的各种电气和机械的动作，驱动磁盘完成 CPU 命令所要求的操作。同时，磁盘驱动器还将磁盘的现行状态传送给磁盘控制器，作为 CPU 或磁盘控制器正确控制磁盘操作的条件。

（1）磁盘驱动器

按照盘片的不同，磁盘驱动器有软磁盘驱动器和硬磁盘驱动器之分。软盘驱动器与硬盘驱动器都是外存储器，它们的基本结构大体相同，都有存储信息的盘片介质，完成读写数据的放大和处理电路，为指定位置执行存取操作的驱动机构及控制电路等。磁盘驱动器的功能结构主要由读写系统、磁头定位系统和主轴驱动系统组成。

1）读写系统

读写系统由磁头、盘片和读写电路构成，其基本功能是将控制器送来的一串编码的脉冲序列经过写电路由磁头转换成介质磁层的磁化翻转，记录在软磁盘上；或将盘片记录的磁化状态经过磁头、读电路检读出数据和时钟混合脉冲送到数据分离电路，最后还原为数据序列。读写系统的关键部件是磁头和盘片。软磁盘驱动器一般装有 1~2 只磁头，硬盘驱动器磁头数目多数在两只以上。

2）磁头定位系统

磁头定位系统主要由磁头驱动电机、执行机构、控制电路和检测部件等组成，其基本功能是将磁头迅速、准确地定位于磁道中心位置。

3）主轴驱动系统

主轴驱动系统由主轴驱动电机、主轴部件和稳速系统组成。其基本功能是以恒定的转速驱动盘片旋转，使磁头相对磁道有一个稳定的切向速度进行正确的读写数据。

（2）磁盘控制器

作为主机和磁盘驱动器之间接口设备的磁盘控制器有多种类型，与驱动器相连的界面也有多种标准接口，但其基本组成和工作原理大体相同，大都包括以下几个部分。

1）与计算机系统总线相连的控制逻辑电路，主要由寄存器、缓冲器、锁存器和地址译码器以及中断逻辑组成。

2）控制器的核心器件——微处理器。

3）完成读出数据分离及写入数据预补偿的读写数据解码和编码电路。

4）对数据进行循环冗余校验码校验以及对小错数据进行修正的数据检错及纠错电路。

5）根据主机发来的命令，对数据传送、串并转换及格式化等进行逻辑控制的电路。

6）存放磁盘基本输入输出程序的 ROM，用于数据交换的缓冲区 RAM。

（3）磁盘片

根据磁盘所用基体材料的类型，可将磁盘分为硬盘和软盘两种。前者以硬质铝合金等作为基体，后者以软塑料等作为基体。

磁盘的磁迹是以盘心为中心的若干同心圆，它被分成若干相等的部分——扇区（段），以扇区为单位进行数据存取操作。扇区有硬扇区和软扇区之分。通过一个轮毂的若干物理槽口或在扇区标识每个部分的始端和末端标志来划分的区段称作硬扇区；与此相对应的是，由电气方式来划分成若干相等区段的，称为软扇区。扇区的开头都预先录有包括磁迹序号在内的扇区地址。

在存储数据之前，要对磁盘进行格式化，也就是要告诉计算机，在磁盘或磁盘组的什么地方可以进行数据存取，规定磁迹位置、主数据磁迹以及替换磁迹等。

另外，还要对磁盘进行预置。预置即在磁盘上写入磁盘标记、存储信息表、指定替换磁迹和初始程序等。

磁盘操作系统（DOS）是把文件定位记录在磁盘上的适宜磁迹和扇区内，并在磁盘索引区记录这些文件的位置。如果把磁盘当成一本书，那么索引就像这本书的目录，扇区像书的页码，文件的名称就是该书某章（节）的题目，而数据则是该题目下的全部内容。

由于磁头能够自如地在磁盘整个表面运行，可以从磁盘的任何部位随时找出记录数据，即可进行随机存取。

2. 硬磁盘

软盘携带方便，但存储容量小，同时，读写速度也慢。为解决上述问题，微机一般都装有硬盘。

3. 软磁盘

软磁盘是在磁带和硬磁盘存储器的基础上发展起来的。最早使用的软盘是 8 英寸软盘，它是 20 世纪 60 年代末由 IBM 开发并投入使用的。1976 年美国 Shugart 公司开发了 5.25 英寸软磁盘，并从单面单密度发展成双面高密度。由于 5.25 英寸驱动器的重量和体积比 8 英寸驱动器小得多，因此，在计算机尤其是微型计算机中很快便取代了 8 英寸软磁盘。

20 世纪 90 年代，5.25 英寸软磁盘主流产品的位置又逐步让给了 3.5 英寸软磁盘。20 世纪 80 年代末，2 英寸软磁盘已面世，并已应用于电子照相机和录像机中，它在微型计算机、膝上型 PC 机中也得到了更广泛的应用。

软磁盘驱动器结构比较简单，盘片可以更换和保存；由于磁头和盘片是接触式工作的，读写信号的分辨率较高，对环境要求较低；此外，它价格便宜、寿命长、体积小、重量轻、便于携带，且互换性好，可以脱机存储，适合于各种型号的微机。但是它的存储容量较低，存取速度也较慢。软磁盘在微型计算机系统中主要做外存。微型计算机的操作系统以文件的形式存入软磁盘中，使用时再从软磁盘中调入内存储器。此外，其还被用来为大、中、小型计算机输入数据和用作小型与微型硬磁盘后备存储。

三、信息磁存储的原理

磁存储器是利用表面磁介质作为记录信息的媒体，以磁介质两种不同的剩磁状态或剩磁方向变化的规律来表示二进制数字信息。

磁存储器的读／写工作过程是电磁信息转换的过程，它们都是通过磁头和运动着的磁介质来实现读或写操作的。记录信号时，一般应先将需要记录的信号用适当的换能装置转变为电信号，再经记录信号电路的放大和处理，输至记录磁头线圈中，在记录磁头缝隙处产生记录磁化场，使按一定速率在此处经过的记录介质磁化。

当记录介质移动的速率恒定时，沿着长度方向的剩余磁化的空间分布就反映了磁头线圈中电流的时间变化，从而完成了信号的记录过程。

当记录了信号的介质以一定的速率通过重放（读出）磁头缝隙时，由介质表面发出的磁通将被磁头铁芯截留，并在重放磁头线圈两端产生重放电压。这个电压经重放信号电路的放大和处理，输至换能装置，使信号以一定的形式重放出来，从而完成了信号的读取过程。

在记录和重放之间，记录信号有个存储过程。在这个过程中，不允许外加的杂散磁场超过用于记录的磁场的强度。如果用消抹磁头产生一个大于记录磁场强度的磁场，就可抹除原先记录的信号，使磁层处于退磁状态，记录介质又可准备记录新的信息。消抹磁头线圈中的高频电流来自消抹电路。在有些情况下，当记录磁头和重放磁头为同一磁头时，也可用信息的重写来消抹旧的信息。

在上述整个过程中，磁头（包括记录磁头、重放磁头和消抹磁头等）和记录介质在伺服机械的驱动下，以一定的方式运动。这种运动的准确性和稳定性，是由伺服电路控制的。

第五节　信息半导体存储技术

一、信息半导体存储发展简述

在半导体存储器出现以前，内存储器主要采用磁芯存储器。磁芯存储器靠穿线的办法把磁芯穿成板，配以晶体管外围电路而成。为提高磁心的速度与容量，采用磁芯的尺寸不断缩小，使穿线越来越困难。穿线工艺的难度高而可靠性低，最终限制了磁芯存储器的速度（只能达微秒级）和容量。因此，研究新的存储器以取代磁芯存储器成为当时的研究热点。

当20世纪60年代半导体存储器刚出现时，它比磁芯存储器的价格贵得多。随着大规模集成电路技术的飞速发展，半导体存储器的价格急剧下降，同时可靠性不断提高，性能价格比越来越超过磁芯存储器。1976年MOS RAM价格为0.3毫美分/位，已低于磁心存储器6.5毫美分/位，而1998年RAM的价格已降至0.007毫美分/位。实际上，从20世纪80年代初开始，计算机特别是微型机的主存几乎已全部采用半导体存储器。

与磁芯存储器相比，半导体存储器具有明显优势。

1.存取速度快、功耗低。半导体存储单元与外围电路均为电子线路，整个芯片可以工作在逻辑电平一级。

2.生产工艺简单，生产过程便于自动化。整个生产过程采用大规模集成电路工艺技术，可一次性完成。

3.体积小、结构紧凑、价格低廉。在同样存储容量的情况下，只有磁心存储器的几十分之一。

4. 可靠性高。半导体存储器的主要缺点是断电后会丢失信息，这称为信息的易失性或挥发性。存储单元保留信息需要一定功耗，动态系统需要定时刷新，这就使得在一些使用场合中减少了系统的可用率。此外，其抗辐射性能也不如磁芯。

二、信息半导体存储器的类型

半导体存储器的分类方法主要有两种：按信息的存取方式分类和按所用材料的性质分类。

（一）按信息的存取方式分类

按照信息的存取方式，半导体存储器可分为随机访问存储器（Random Access Memory，RAM）和只读存储器（Read Only Memory，ROM）。

1. 随机访问存储器——RAM

RAM 存储单元的存储内容按需要可以随时读出和随时写入。它的主要用途是用来存放各种正在执行的输入/输出数据、处理程序、中间结果等。

RAM 有静态随机访问存储器（Static RAM，SRAM）和动态随机访问存储器（dynamic RAM，DRAM）之分。

（1）静态随机访问存储器——SRAM

由固定稳态及稳态的转换来记忆信息"1"和"0"的 RAM 存储器叫静态 RAM，它有以下特点。

1）集成度高于双极型 RAM，但低于动态 RAM。

2）不需要刷新。

3）功耗比双极型低，但比动态 RAM 高。

4）易用电池作为备用电源。

5）存取时间较动态 RAM 长。

（2）动态随机访问存储器——DRAM

靠电容的存储电荷来表示所存内容的 RAM 存储器叫作动态 RAM。其特点是：

1）集成度高于静态 RAM 和双极型 RAM。

2）比静态 RAM 功耗还要小。

3）比静态 RAM 价格低。

4）因其用电容来存储信息，而电容总有泄漏电荷的现象，故要对其进行刷新（再生）。

5）它的存取时间略短于 SRAM。

2. 只读存储器——ROM

只读存储器（ROM）中所存的内容是预先给定的，在工作过程中，只能将其中所存的内容按地址单元读出，而不能写入新的内容。半导体只读存储器常作为计算机主存的一部分，用来存放一些固定的程序，如监控程序、启动程序、磁盘引导程序等。ROM 也可作为控制存储器，存放微程序，应用于微程序控制器、字符显示器等外用设备。只要一接通电源，这些程序就能自动运行，这些存储的信息是用特殊方法写入的，一经写入就可以长期保存，不受电源断电的影响。从功能上来说，ROM 可分为四种类型。

（1）掩膜 ROM（ Mask ROM，MROM ）

这种 ROM 由生产厂家采用掩膜工艺，在生产过程中将代码直接注入，出厂后用户无法随意修改，其最大优点是成本低，适合批量生产。

（2）可编程 ROM（ Programmable ROM，PROM ）

为了使用户能根据自己的需要来编写 ROM，出现了可编程的只读存储器 PROM，PROM 允许用户在使用前，按用户的需要将信息注入各耦合单元，但一旦注入后无法再改变。因此，它是一种一次性可编程的 ROM。

（3）可擦除可编程 ROM（ Erasable PROM，EPROM ）

这种 ROM 内容不仅可以由用户利用编程器写入，并且可以对其内容进行多次改写，所以叫作可擦除可编程 ROM。但是这种 EPROM 写入的速度很慢，而且需要一些附加设备和手段，所以它只能作为只读存储器来使用。

需要指出的是，上述两种 ROM 的写入过程绝不是计算机工作时的信息写入过程，而是在专门的设备上，用特定的方法进行编写的。

（4）在系统可擦除可编程 ROM

这类 ROM 包括电可改写 EPROM（ Electrically EPROM，EEPROM or E2PROM ）和快闪存储器（Flash Memory）。它们不仅有 EPROM 的性能，而且改写过程可直接在工作系统中进行，无须专用设备。

无论哪一种 EPROM，能被擦除和编程的次数都是有限的。计算机软件的开发工作总要经过多次的纠错、修改、考验才能逐步完善。通常在软件试制阶段可写入 EPROM，待经过修改和定型之后，再送生产厂家制成 MROM，使软件固化，以加快执行速度。

（二）根据所用材料的性质分类

根据所用材料的性质，半导体存储器又可分为金属 - 氧化物 - 半导体场效应管（Metal Oxide Semiconductor，MOS）存储器、双极型晶体管（Bipolar）存储器和双极 -CMOS（ Bi-CMOS ）存储器。

1.MOS 存储器

MOS 存储器以 MOS 晶体管为基本元件。与双极型存储器相比，MOS 的主要优点是工艺简单、集成度高、功耗低，因而容量较大、价格便宜。但其工作速度较低，由于提供电流较小，驱动负载能力也较小。

2.双极型存储器

由两种极性的载流子参与导电的晶体管称为双极型晶体管。双极存储器的主要优点是速度快、驱动能力强,通常用于高性能场合。但由于它工艺比较复杂,且集成度比 MOS 低,故成本较高。此外,由于双极晶体管是电流控制器件,即导通时需要电流流入晶体管基极和发射极回路中去,因此要维持晶体管的工作,就要消耗功率。

3.Bi-CMOS 存储器

Bi-CMOS 工艺将双极电路及 CMOS 电路两种工艺制造方法制作在同一芯片上,这是 MOS 工艺发展的一个新支,它兼有双极型内高速度及 MOS 高集成度的优点。

(三)按保存信息性质分类

按保存信息性质分类,半导体存储技术可分为挥发性(Volatile)与非挥发性(Non-volatile)两种。

1. 挥发性半导体存储器

挥发性半导体存储器在电性消失后,存储的数据随之消失,这类存储器包括动态随机存储器(DRAM)和静态随机存储器(SRAM),这类存储器技术较为成熟,常用于计算机内存中,数据传输速度很快。

2. 非挥发性存储器

非挥发性半导体存储器在电性消失后依然可以保留存储的数据,这类存储器包括只读存储器(ROM)、可擦除可编程只读存储器(EPROM)、电可擦可编程只读存储器(EEPROM)、闪速存储器(Flash Memory)以及新兴的铁电存储器(FRAM)、磁性存储器(MRAM)与相变存储器(OUM)等,这类存储器常用于数码设备中,具有体积小、存取速率高等优点。

挥发性存储器虽然具有很高的读取速率,但由于不能掉电保存数据,限制了其在除内存外的应用领域。作为非挥发性存储器的代表,闪存虽然可以长期保存数据,但受其加工时最小光刻单元的限制,目前认为很难达到 35nm 以下,其存储容量不能大幅扩大,限制了其应用领域。

第六节　信息的光存储技术

一、信息光存储技术的发展概述

(一)信息光存储技术的发展现状

信息存储在国民经济建设及现代军事科学技术中具有十分重要的地位,光存储是继磁记录之后新兴起的重要信息存储技术。近年来,光存储不仅在技术上取得了重要突破,在商业性规模生产方面也获得了巨大成功,逐渐形成了一个引人注目的信息载体,并且因其渗透性极强和自成体系而备受社会关注。我国对光盘技术及产品的研发、开发、生产及推广应用均已取得了显著成效。

20世纪80年代的光存储产品进入市场时，它比当时通常使用的紧密磁盘具有高出一个数量级的存储密度。由于它采用非接触式读写操作，具有易于更换盘片、保存寿命长、每位信息的成本低廉等优点而被认为是下一代数字存储的主流产品。但是20世纪90年代中期，由于磁盘技术得到了突破性的发展而使其记录密度达到甚至超过了光存储的记录密度，另外由于光学头的质量比磁头大得多，使得光存储的读写速度受到了很大制约。光存储技术面临严峻的竞争。

如何继续提高光盘存储密度已成为本领域中极为重要的研究课题，研究开发新一代的高密度高速率数字光盘存储技术具有重要的现实意义。就光盘技术与系统发展的潜能而言，在不久的将来，用户的所有信息，包括操作系统在内的软件都可存储在光盘上，而不是用加载到HDD（Hard Disk Drive）上，而且有可能带来应用上的新概念，即每个人或部门只要单独携带自己的一张光盘，就可以随时在任何一台计算机上运行自己独立的系统。有理由相信，新一代的密度和容量更高的光盘会在多媒体应用方面起到重要的作用，为下一代计算机增添新的功能。

提高光盘密度和容量首先考虑的就是缩短所用激光器的波长和增大物镜数值孔径，从第一代CD光盘到VCD、CD-ROM、CD-R、CD-RW到目前的DVD光盘，再到新一代的蓝光光盘，它们的特性参数需进一步提高。光盘存储密度的基本方案是缩小信息符所占用的空间尺寸，即加大光学头物镜的数值孔径和缩小半导体激光器的波长，这是当今提高光盘存储密度和容量的主流技术。但这一技术路线发展至今所剩的空间已经不大。例如，蓝光光盘存储系统，其盘片覆盖层的厚度已降到0.1mm，光盘具有较厚保护层的优点已逐渐消失，且继续大幅度地减小激光器的波长和增大物镜数值孔径的难度很大，因此有必要采用新思路、新技术，寻求其他提高存储密度和数据速率的途径。

1. 我国在光存储领域进展

（1）在国家自然科学基金的连续资助下，中科院北京真空物理重点实验室、中科院化学研究所、北京大学电子学院、北京大学化学与分子工程学院科研人员组成的联合科研小组，采用与国外不同的原理、设计和方法，设计、制备了一系列新型有机复合和有机分子信息存储薄膜，成功实现了超高密度的信息存储，在有机超高密度信息存储材料领域的研究取得了突破性进展。

（2）在国家自然科学基金和上海科技发展基金的支持下，"蓝绿光高密度光盘存储材料研究"项目组的研究人员经过3年的努力，系统研究了蓝绿光可录和可擦重写高密度光盘存储材料的化学成分、微观结构、制备条件与其光学、光谱和光存储性能间的关系，取得了重大进展。在蓝绿光无机光存储材料方面取得了一系列全新成果，有机材料用于蓝绿光高密度光存储也取得了突破和创新，有多种材料可用于蓝绿光可录和可擦重写高密度光盘存储。

（3）清华大学研制的多波长多阶存储技术是国家重点基础研究发展计划（973计划）项目"新型超高密度、超快速光信息存储与处理的基础研究"阶段性突破。以光盘国家工程研究中心主任徐端颐教授担任首席科学家的"973计划"项目组经过3年研究，取得了这一独创成果，并申报9项中国专利和1项美国专利。这项技术可以把普通CD光盘片的容量提高为目前的3倍，标志着我国光存储技术获得重要突破。这项技术成果已经开始正式产业化进程，光盘驱动器、光盘录像机已研制成功，普通光盘录像机只增加一个集成芯片，即可在容量为0.65GB的普通光盘上记录2GB数据，录下3个多小时的电影节目。用这种技术做成的光盘驱动器价格与普通光驱近似，远低于DVD光驱。

（4）由部分家电企业和研究单位联合组成的北京阜国数字技术有限公司，从1999年就开始这方面的探索。最终在2001年年底研制出新一代高密度数字激光视盘系统EVD，2002年4月部分产品样品开始面世。与超级VCD和DVD相比，EVD技术优势明显：容量比DVD增加1GB；采用最新编码技术，可满足画面清晰度比DVD高将近5倍的要求；调整加大机芯光头发射功率，增强了读碟能力。EVD的出现结束了外国公司在这一领域的技术垄断。

2. 国外进展

（1）美国Quantex公司在"Optical Memory News"上提出了可通过对记录介质基片进行多层镀膜的方式实现多膜层记录，以提高其存储容量。

（2）新泽西贝尔实验室实现了利用锥形光纤耦合镜把激光聚焦到记录膜层上，实现了激光束最佳光斑直径可达纳米级，为光纤耦合聚焦成微小光斑提供了理论依据。

（3）在国外，DVD技术已实现两层信息记录，正向多层方向发展。但由于该技术没使用光的波分复用技术，而利用传统的光学读写头欲实现多层（3层以上）记录已经比较困难。

（二）信息光存储技术的发展趋势

以光学、集成光学、光子效应、全息技术、光感生或磁感生超分辨率等原理为基础的新一代光存储技术将朝着以下几个方向发展。

1. 现低价位DVD系列光盘及驱动器的规模生产

直径为120mm的DVD光盘单面容量4.7GB，双面容量9.4GB，如果改成双面双层，容量可达到18GB，组成了标称容量为4.7GB、8.5GB、9.4GB、17GB的DVD-5、DVD-9、DVD-10、DVD-18的光盘系列，只要这种光盘及光盘机的生产成本能降低到CD-ROM或CD-R光盘及光盘机的价位，就足够满足一般信息系统及家用电器的需求。由于DVD系列产品仍以传统的光盘制造技术为基础，基本工作原理没有改变，只是将信息符坑点的尺寸从原来的0.83μm降低到0.4μm，信道间距从原来的1.6μm降低到0.74μm。这种光盘机的结构原理也没有太大的变化，所用的半导体激光器的波长略有缩短，一旦形成规模，成本必将大幅度下降。

2. 进一步提高 DVD 光盘质量、成品率及功能

目前，DVD 光盘的成品率，无论是母盘制作还是最终产品的成品率都低于普通 CD 光盘，从而影响其生产成本。各种生产光盘的专用加工和测试设备还需要进一步更新，将深紫外超分辨率曝光技术、电子束曝光技术、多层光致抗蚀剂技术、无显影曝光技术、4× 或更高速的刻录技术等引入母盘制作，以便进一步提高母盘质量和成品率。DVD 光盘及光盘机将在功能上进行改进，首先是多功能化，包括光盘机和盘片的多功能化，即一台光盘机可用于只读、一次写入不可擦除及可直接改写等不同盘片，而盘片也可能做成同时具有只读和可擦写功能。

此外，随着编码技术和集成电路技术的进步，光盘机的编码及控制软件功能还将进一步改进，将分散的视频、音频、编码、解码、调制、解调、通道控制、伺服控制重新整合成少数芯片甚至单一芯片，不仅能降低成本，还会大大提高系统的可靠性。为了使光盘机使用更方便，其另一改进方向是光盘机的智能，使人机界面更加简单，操作更为简便。

3. 在记录密度不变的条件下提高系统性能

无论是 VCD 或 DVD 光盘都可以利用自动换盘系统，组成光盘库、光盘塔、光盘阵列，实现提高整个系统的容量、数据传输率及多数据存储的可靠性。如果将光盘库、光盘塔及光盘阵列与自动换盘系统有机结合，可以大大提高系统容量、数据传输率和显著改善存储数据的可靠性。

4. 综合利用其他新技术开发下一代新产品

高密度数据存储技术始终是信息技术和计算机技术发展中不可缺少的关键研究领域，新型网络系统和第三代多媒体出现时，计算机外部存储容量至少应为 100GB，数据传输率至少为 40Mbps，现有的各种光盘都不能满足要求，即使上面提到的 DVD-RAM 光盘系统也与此目标相距甚远。需要采用新技术和新材料，研究开发出新一代高密度、高速光存储技术和系统。虽然目前所进行的研究尚处于实验室阶段，许多理论问题、实验技术问题及工程问题还待深入研究，但从所取得的初步成果中能看出其发展方向包括如下内容。

（1）利用光学非辐射场与光学超衍射极限分辨率的研究成果，进一步减小记录信息符尺寸。因光束照射到物体表面时，无论透射或反射都会形成传播场（传播波）和非辐射（隐失波）。传播波携带着物体结构的低频信息，容易被探测器探测。隐失波携带描述物体精细结构的高频信息，沿物体表面传播。只要把这一部分信息捕捉到，就可提高系统的分辨率。

（2）采用近场光学原理设计超分辨率的光学系统，使数值孔径超过 1.0，相当于探测器进入介质的辐射场，从而能够得到超精细结构信息，突破衍射极限，获得更高的分辨率，可使经典光学显微镜的分辨率提高两个数量级，面密度提高 4 个数量级。

（3）以光量子效应代替目前的光热效应实现数据的写入与读出，从原理上将存储密度

提高到分子量级甚至原子量级，而且由于量子效应没有热学过程，其反应速度可达到皮秒量级。另外，由于记录介质的反应与其吸收的光子数有关，可以使记录方式从目前的二存储变成多值存储，使存储容量提高许多倍。

（4）三维多重体全息存储，利用某些光学晶体的光折变效应记录全息图形图像，包括二值的或有灰阶的图像信息，由于全息图像对空间位置的敏感性，这种方法可以得到极高的存储容量，并基于光栅空间相位的变化，体全息存储器还有可能进行选择性擦除及重写。

（5）利用当代物理学的其他成就，包括光子回波时域相干光子存储原理、光子俘获存储原理、共振荧光、超荧光和光学双稳态效应、光子诱发光致变色的光化学效应、双光子三维体相光致变色效应，以及借助许多新的工具和技术，诸如扫描隧道显微镜（STM）、原子力显微镜（AFM）、光学集成技术及微光纤阵列技术等，提高存储密度和构成多层、多重、多灰阶、高速、并行读写海量存储系统。实验证明，目前的技术可使光存储密度达到 $40\sim100\text{bits/in}^2$。

二、光盘信息存储

在信息记录材料领域，一般将采用激光进行记录和读出的盘状记录介质，统称为光盘。CD 是英文 Compact Disc 的缩写，意思是高密度盘，即光盘。以光盘为代表的光记录介质具有记录密度高、容量大、随机存取、保存寿命长、稳定可靠和使用方便等一系列优点，特别适用于大数据量信息的存储和交换。光记录技术不仅能够满足信息社会海量数据存储的需要，而且能同时存储图、文、声、像等多种信息，使传统的信息记录、传输和管理方式发生了根本性变化。

（一）光盘的特点

从信息存储的角度来看，一张以光存储的 CD-ROM 完全可以看成一种新型的纸。一张小小的塑料圆盘，其直径不过 120mm、重量不过 20 克，而存储容量高达 600 多兆字节。如果单纯存放文字，一张 CD-ROM 相当于 15 万张 16 开的纸，足以容纳数百部大部头的著作。但是，CD-ROM 在记录信息原理上却与纸大相径庭，CD-ROM 盘上信息的写入和读出都是通过激光来实现的。目前光盘主要有 CD、CD-R、DVD、相变光盘和磁光盘。软盘（FD）和硬盘（HD）属纯粹的磁记录；CD-R（一次性可写入光盘）和 PD（相变光盘）为热记录，光读取；MO（磁光盘）和 MD（迷你磁光盘）为热磁记录、光读取。光记录是继磁记录之后兴起的重要信息记录技术。以光盘为代表的数字式数据记录媒体已是当代信息社会中不可缺少的信息载体，其特点如下。

1. 数据存储密度高、容量大、盘片可更换、携带方便

光盘容量很大，现市场销售的直径 120mm 的 DVD 光盘，面容量已达到 4.7GB，蓝光光盘的面容量将达到 30GB。

2. 存储寿命长，功能多样化

光记录是利用精细聚焦能量密集的激光束，通过厚度为0.6mm或1.2mm的盘基，对密封在保护层之间的记录介质的相互作用来实现数据写入、读取与擦除。盘基及记录介质均由性能稳定的材料制成，而且可根据不同用途挑选不同的介质制成只读、一次写入、可擦写等不同功能的光盘。

3. 生产成本低廉，数据复制工艺简单，效率高

目前光盘盘片和光盘机的生产技术都已成熟。盘基用有机高分子材料注塑而成。例如，只读盘上的信息是在注塑过程中模压在盘基上的，复制过程中光盘所需的加工周期仅两秒左右，按现有设备工艺材料水平计算是最廉价的信息记录载体，已经成为计算机标准外设和常规的家用电器。

（二）光盘信息存储的原理

光盘存储技术是利用激光在介质上写入并读出信息。光盘的信息记录原理是通过聚焦1μm左右的激光束照射到旋转的光盘上使记录介质产生物理和化学变化，从而改变反射光或透过光的强度而进行二进制的信息记录。记录介质所发生的变化主要有热作用和光化学作用。热作用主要有形成坑、形成泡、受热变色等；光化学作用主要有光致变色、光重排、光异构化和光离解等。

1. 非磁性介质存储的原理

有一类非磁性记录介质，经激光照射后可形成小凹坑，每一凹坑为一位信息。这种介质的吸光能力强、熔点较低，在激光束的照射下，其照射区域由于温度升高而被熔化，在介质膜张力的作用下熔化部分被拉成一个凹坑，此凹坑可以用来表示一位信息。因此，可根据凹坑和未烧蚀区对光反射能力的差异，利用激光读出信息。

工作时，将主机送来的数据经编码后送入光调制器，调制激光源输出光束的强弱，用以表示数据1和0，再将调制后的激光束通过光路写入系统到物镜聚焦，使光束成为1μm大小的光点射到记录介质上，用凹坑代表1，无坑代表0，读取信息时，激光束的功率为写入时功率的1/10即可。读光束为未调制的连续波，经光路系统后，也在记录介质上聚焦成小光点，无凹处，入射光大部分返回；在凹处，由于坑深使得反射光与入射光抵消而不返回。这样，根据光束反射能力的差异将记录在介质上的"1"和"0"信息读出。

2. 磁性介质存储的原理

磁光盘是在光盘的盘基上镀上一层矫顽力很大的、具有垂直磁化特性的磁性材料薄膜制成的。当在磁记录介质上施加强度小于其室温矫顽力 Hc 的磁物时，不发生磁通翻转，故不能记录信息。若用激光照射此介质后，则在被照射处温度上升，矫顽力下降为 Hc7。如果这时再对记录介质施以外加弱磁场 Hr（Hc7<Hr<Hc），则会发生磁翻转而记下信息。抹除信息要求施加一个和记录方向相反的磁场 He，并用激光束照射记录过信息的介质，则在照射区发生反方向磁化，使介质恢复到记录前的磁化状态。

3. 光盘信息记录与读出过程

（1）信息的记录过程

声音、图像、文字等信号→二进制信号→脉冲电信号→激光脉冲信号→热效应→在记录介质上产生细微物理变化。

（2）光盘信息的读出过程

光盘上的烧蚀、形变、相变等信号→激光入射光照射→反射偏振光偏振面旋转角度不同→脉冲电信号→二进制信号→声音、图像、文字等信号。

（三）光盘的分类

目前主要根据光盘的读写功能、记录方式和种类等方式来对其进行分类。

1. 按光盘的读写功能

按光盘的读写功能可分为只读式光盘、一次写入式光盘和可擦写式光盘三种类型。

（1）只读式光盘（Read-only CD）

只读式光盘中没有染料层，信息直接记录在光盘盘基上，它可以大量复制，也称再生型光盘。用户只能从光盘中读取数据，而不能向光盘中写入数据，光盘中的数据是在光盘的生产过程中从母盘中复制过来的。这种光盘的制造工艺简单、成本低、价格便宜，常见的有 LD、CD-Audio、CD-ROM、VCD、DVD-Audio、DVD-ROM、DVD-Video 光盘等。

（2）一次写入式光盘（Write-once CD）

由于一次写入式光盘的未记录部分可以追加记录，故又称为追加式光盘，它是依靠在盘基上涂布的染料而进行信息记录的。用户可向光盘中写入数据，但写入数据后不能再擦除，即只能写入一次，其制造工艺比只读式光盘复杂，成本也高，而且必须用记录设备进行信息刻录。常见的有 CD-R 和 DVD-R 光盘等。

（3）可重写式光盘（Rewritable 或 Erasable CD）

可重写式光盘又称可改写式光盘或可擦重写式光盘，它能将已写入的信息擦除，再写入新的信息。由于这类光盘上涂有可逆变化的记录材料、相变材料和磁光材料，它利用这些材料的可逆变化来进行信息记录。它像磁盘一样，可以反复擦写，但它需要专门的刻录机。常见的有 CD-RW、DVD-RW、MO、PD 光盘等。

2. 按光盘的刻录方式

按刻录方式可分为预录光盘、可录光盘和可擦写光盘。这种分类方式与按读写方式分类基本相同。

（1）预录光盘（Recorded CD）

它是指光盘上的数据是在光盘的生产过程中从母盘中复制过来的，不需要使用刻录设备在其上进行信息刻录的一类光盘，如 CD-Audio、CD-ROM、VCD、DVD-Audio、DVD-ROM、DVD-Video 光盘等。

（2）可录光盘（Recordable CD）

它是指光盘上的信息需要使用刻录设备进行刻录的一类光盘。它主要是指染料类的光盘，如 CD-R 和 DVD-R 光盘等。

（3）可擦写光盘（Rewritable 或 Erasable CD）

可擦写光盘与可重写式光盘相同。

3. 按光盘的种类

到目前为止，光盘有十多个规格品种，每个品种又都有对应的标准格式。国际标准化组织 ISO 制定和采纳了多种标准规范，定义了光盘的尺寸转速、数据传输率、数据格式等重要参数。

（1）激光视盘（LD）

激光视盘的直径一般为 300mm，也有 200mm 的。根据其信号录制方式，LD 分为两种：一种是标准播放视盘（CAV），这种视盘单面播放时间为 30 分钟；另一种是长时间播放视盘（CLV），其单面播放时间为 60 分钟。

（2）激光数字音频光盘（CD）

激光数字音频光盘又称音乐 CD，光盘直径为 120mm，每张光盘能播放 74 分钟高质量的音乐节目。

（3）只读光盘（CD-ROM）

只读光盘主要用于计算机外存储器，最初 CD-ROM 只含计算机可读的文字信息，现在可存储声音、图形、视频、动画等。CD-ROM 光盘直径 120mm，容量为 650MB。

（4）CD-ROM/XA 光盘

CD-ROM 光盘驱动器在读混合模式光盘时（同时会有数据轨道和音频轨道的 CD 称为混合模式光盘），如果读计算机数据，就不能回放音乐。XA 允许计算机数据和音频数据放在相同的轨道上，所以它能够在读计算机数据的同时回放音乐。

（5）卡拉 OK 光盘（CD-G）

它是利用 CD 唱片上剩余的通道记录一些简单的静止图形文字（如歌词等数据），可用于卡拉 OK。

（6）交互式光盘（CD-I）

它用于交互式计算机多媒体 CD-I 系统中，1987 年制定了规范，CD-I 只能由 CD-I 播放机播放。

（7）可录光盘（CD-R）

它可一次或多次在空余部分写入数据，适合小规模单一发行的 CD 制品或数据备份、资料存档等。

（8）相片光盘（Photo-CD）

Photo-CD 是专为存储数字化的 35mm 相片设计的。一张光盘可多次录入约 100 张相片，必要时还可以还原成底片。Photo-CD 光盘可在 CD-I、CD-ROM/XA 和 Photo-CD 播放机上播放。

（9）视频小型光盘（VCD）

它是 Video CD 的简称，俗称小影碟。VCD 标准采用了 CD-ROM/XA 数据格式，因此可在配置了 CD-ROM 驱动器的 PC 机上播放，普通的 CD 唱机增加 VCD 解码板也可播放 VCD。一张 VCD 盘可连续播放 74 分钟的录像节目，其图像优于 VHS 录像质量，伴音质量可达到 CD 的效果。

（10）高密度数字光盘（DVD）

1995 年统一规格标准，采用双面光盘结构，它以单面光盘为基础，每面的容量为 4.7GB，可以播放 133 分钟的 MPEG2 的音视频信号。同时 DVD 具有可变的数据传输率，对图像和声音的平均传输速率为 4.69MB/s，文件结构满足 ISO9660，数据格式支持 CD-ROM/XA 标准，采用 MPEG2 音频数据压缩标准，PAL 分辨率为 720X576，25 帧 / 秒，支持杜比 AC-3/5.1 通道环绕立体声技术，图像和声音质量更高，向下兼容 CD、VCD 等光盘。

（11）可擦写式光盘

可擦写式光盘按记录方式主要有两种：磁光盘（MO）和相变光盘（PCR）。这两种光盘都在迅速发展，存储容量不断提高。

（12）蓝光盘

蓝光盘是指使用波长 405nm 的蓝色激光，在读写两用的单面单层光盘上最大可记录 27GB 数据的大容量光盘规格。该规格于 2002 年 2 月发布。

三、磁光存储

磁光存储光盘出现于 1988 年，它是信息存储技术的重大突破，在整个信息存储领域占有重要位置。磁光存储既有光存储的可卸换、非接触读写，又有磁存储的可擦重写，以及和硬磁盘相接近的平均存取速度。特别是磁光盘具有保存时间长、可靠性高、使用寿命长、误码率小等优异性能。作为一种光存储和磁存储并存的存储方式，磁光存储可以借鉴二者的先进技术和方法，如 GMR 可以作为磁 / 磁光记录数据的读出传感单元，垂直记录单元可以占据更小的尺寸，获得更高的记录密度和更好的稳定性。

磁光存储的原理是，通过记录位受激光照射达到居里点后磁化进行记录，利用磁光克尔角对磁记录位的不同偏转进行读出。由于磁光盘是靠磁畴翻转的物理过程来实现记录位的擦写，故相对于光盘来讲速度要快很多（接近于磁盘），同时理论上还可以实现无穷多次的擦写。在实际产品中，磁光盘可以利用磁耦合性能设计多层膜结构，如将记录层和读出层分开提高记录密度。由于写入时记录尺寸是由照射到记录层的激光光斑中心区域决定的，因此可以实现很小尺寸的记录。读出时，为了克服记录位尺寸减小而使读出信号较弱的问题，可以采用磁超分辨读出（MSR）（分前孔、中孔和后孔三种形式）、磁畴放大读出（磁放大磁光系统 MAMMOS）和畴壁移动检测读出（DWOD）等技术，使存储密度大幅度提高。若采用 MAMMOS 技术读出，直径 120mm 磁光盘的容量可达 90GB（为 HD-DVD 的两倍）。如果和近场技术相结合，其存储密度将更大。

光 - 磁混合存储是一种将磁存储、光存储和磁光存储相结合的新型存储方式，它利用了各自的优点进行记录和读出。它采用新型垂直磁化记录膜，通过磁光记录或光辅助磁记录来提高记录的道密度，利用高灵敏度和高分辨率的磁电阻 / 巨磁电阻探测，提高位密度并得到较强的读出信号，在此基础上，再配合采用蓝紫光、近场和超分辨技术等，可获得更高记录密度。当然，这方面的技术还不是很成熟，一些关键物理和技术问题有待深入研究。

基于近场光学元件和超分辨近场结构的近场光 - 磁混合记录技术是目前最有实用化前景的超高、高速光 - 磁混合数字信息存储技术，我国具有研究基础，而目前国际上在这方面的研究也刚起步，因此，该技术将是我国发展超高密度光 - 磁混合数字信息存储技术的重要突破口之一。

1. 高冗余度

以全息形式存储的信息是分布式的，每一信息单元都存储在全息图的整个表面上（或体积中），故记录介质局部的缺陷和划伤不会引起信息丢失。这是其他存储技术所没有的性质。

2. 高存储容量

二维光学存储的存储容量上限（约 1/22）同样适用与全息存储。采用 500nm 的光波在衍射率为 2.0 的介质中存储全息图，共存储密度极限为 $6.4 \times 10^3 b/cm^2$。全息图采用面向页面的数据存储方式，一个全息数据页面的容量可以达 106bit，如果采用空间复用和同体积复用相结合的技术存储 50 万个全息页面，可以得到总的容量 63GB。利用频率选择技术（PSHB）将存储维数扩展到四维，体全息存储的容量还可以进一步提高。

3. 非常高的数据传输速率和很短的存取时间

全息图采用面向页面的数据存储方式，一页中所有的位都并行记录和读出，而不是像磁盘或光盘那样数据按位串行读出，而每个数据页包含多达 1Mb 的信息。这样读取速度是惊人的，只要读出头定位，就可在几纳秒内从介质中检出该数据图像。采用相关技术可望得到总的数据传输速率为 1.25GB/s。此外，全息存储器不一定要用机电读写头，可采用无惯性的光束偏转、参考光束的空间位相调制或波长调谐等手段，在数据检索中选择非机械方式寻址，使寻址一个数据页面的时间小于 100μs。

4. 可以进行并行寻址

全息存储器可以直接输出数据页或图像，可进行并行处理。采用适当的光学系统，有可能一次读出存储在整个全息存储器中的全部信息，或在读出过程中完全并行地进行面向图像（页面）的检索和识别操作。这种独特的性能可以实现内容寻址的存储器（CAM），是光计算或光电混合计算的关键器件之一。

全息存储器容量的迅速提高以及存储器性能的不断改进，使得高密度全息存储日益走向实用，采用全息存储技术的实用化系统逐渐推出。

四、近场光学存储技术

1. 近场光学存储技术的发展

随着纳米科技的发展，人们开始尝试把光感测器做得非常之小，因此，20 世纪 80 年代以来，出现了"近场光学"这一向小尺度和低维空间发展的光学领域的新型交叉学科。

近场光学对传统的光学分辨极限产生了革命性突破，其研究对象为距离物体表面一个波长以内的光学现象。

超高密度光存储是扫描近场光学显微镜的一个重要应用。现在，信息的存储、传输与处理已是提高社会整体发展水平重要技术之一。而且如今全球的信息量正以惊人的速度增长，由于信息的多媒体化，人们需要处理的不仅是数据、文字、声音、图像，还有活动图像和高清晰图像等。光信息存储作为继磁存储之后新兴的重要信息存储技术已成为现代信息社会中不可缺少的信息载体。

与磁存储相比，现有的光存储技术所存储的数据密度更高、容量更大、存储的寿命更长、功能更多，只要存储介质稳定，光盘在常温环境下的保存寿命在 100 年以上，而且可以根据用途的不同，采用多种介质制成只读型、一次写入型、可反复擦除型等不同功能的光盘。非接触式读、写和擦光盘机中光头和光盘之间有一定的距离，光头不会磨损或划伤盘面，可以自由更换光盘。

光存储光盘的信息的载噪比高，可达到 50dB 以上，而且经过多次读写，光存储的载噪比还不会降低，因此，多次读出的光盘的音质和图像的清晰度是磁带和磁盘无法比拟的。光存储光盘的生产成本低廉、数据复制工艺简单、效率较高。但是光的衍射效应从根本上限制了存储密度的提高，如今扫描近场光学显微镜的发明，为提高光学数据存储密度打开了大门，近场光存储也成为近场光学显微技术又一个重要的技术应用领域。

现在光存储技术正在由远场光存储到近场光存储、由二维光存储到多维光存储、由光热存储到光子存储发展。

超高密度光存储和快速存取正是因为扫描近场光学显微镜的发明而有了新的技术基础。扫描探尖显微技术克服了光学衍射的物理极限，它取消了物镜，直接将激光通过探尖引向被测物体，在极近的距离内形成分辨率为几十纳米的光点，用扫描的方式形成显微图像，其分辨率可达数十纳米量级，实现超高密度光存储。

扫描近场光学显微术最吸引人、最有发展前景的是近场条件下的光谱学研究。目前的各类光谱测量方法大都在宏观平均值水平，即使是使用微区光谱，也只限于对微米尺度的观察。对于微观物理体系的器件，如量子线、量子点，其特征尺度为 10nm 左右，用常规的光谱方法无法分辨纳米尺度的发光区域与本征频谱等。而与近场光学显微镜联用的近场光谱填补了这一空缺。用低温近场光谱研究 GaAs/algaas 单量子线、多量子线的光致发光现象，可以在纳米尺度准确无误地揭示不同光谱的来源及其本征值。由于量子线的尺度是已知的，因而可以准确地测定分辨率而无须用附加的校正方法来确定仪器的响应函数。

Gorecki 等人在 2000 年提出了一种以垂直腔表面发射激光器（VCSEL）为基础构造的微型单片集成式 SNOM 传感器的新概念。这种单片式 SNOM 传感器由三个基本单元构成，分别是 PIN 探测器、垂直腔表面发射激光器（vertical-cavity surface-emitting laser，简称为 VCSEL）和金字塔状微探尖。金字塔状微探尖生长在 VCSEL 腔顶面上，PIN 探测器集成在 VCSEL 结构的底部。这种 SNOM 传感器主要结构是由激光器和探尖构成的，它具有结构小巧紧凑（最大尺寸为百微米量级）、工作稳定性好的突出优点。经过合理设计，完全可由现有的半导体器件制造工艺成批量生产。这对像超高密度光存储这样在未来市场上需求量巨大的应用来说是极具吸引力的。

2. 近场光学存储的特点

近场光学存储采用的是近场光，它是由记录介质与光源在小于半波长量级的距离时获得的隐失光。隐失光为非传输光，当距离超过波长量级时迅速衰减到接近于零。近场光学存储的基本原理就是通过亚波长尺寸的光学头和亚波长尺寸的距离控制，实现亚波长尺寸的光点记录。只要将光学存储介质放在近场光学显微镜中，保持光学探针与存储介质的距离在近场范围内，则在存储介质中形成的记录点尺寸就可能在亚波长量级内，从而克服衍射极限，实现高密度存储。

与其他超高密度存储方法相比，近场光学存储主要有以下优点。

（1）高密度、大容量

读写光斑小，大大提高了存储的密度，使得存储容量有了很大提高。随着近场光存储技术的进一步完善，还可以获得比较高的数据传输速率。

（2）可充分利用已有存储技术

如硬盘驱动器中的空气悬浮磁头技术和光盘存储中的光头飞行技术，不必另外再去进行新的系统设计与开发，因而有助于减低产品的价格，增加竞争优势。

目前建立的已能够进行存取数据操作的实验系统可分为三种：

1）固体浸没透镜（SIL）近场存储；

2）超分辨率近场结构（Super-RENS）存储；

3）扫描探针显微术（PSM）近场存储。

这三种方法都是通过不同方法缩小记录光斑来提高存储密度。

五、双光子存储技术

1976 年，D.yonder Linde 首先提出了将双光子吸收应用于光存储的概念。

1989 年，美国 California 大学 Irvine 分校 Rentzepis 创造性地提出了双光子三维存储模型，建立了三维光存储系统，提供了一个高信息量，并能进行并行处理的光子型存储模式，使双光子吸收三维光存储变为现实。从根本上突破了二维存储的一些限制。他们采用双光束双波长（1064nm 和 532nm）产生双光子的方法在光致变色材料螺苯并吡喃中进行信息写入，以 1064nm，双光子激发信息点荧光进行信息读出，实现了三维信息存储。目前，双光子三维光存储作为高密度和超高密度存储技术之一，在国内外已受到普遍重视，并已成信息存储技术的一个研究热点。

1991 年，美国康奈尔大学的 w.w.Webb 等人以 100μm 厚的 Cibatool 光折变聚合物膜作为存储介质，采用锁模染料型飞秒脉冲激光器（激光波长为 620nm，脉冲宽度为 100fs）进行了单光束聚焦双光子信息写入，用 488nm 的激光和差分干涉相衬显微镜进行单光子相变（折射率变化）读出，实现了 10 层光存储，点间距和层间距分别为 lμm 和 3μm，成功获得了 $1012bits/cm^2$ 的存储密度，但他们所用物镜数值孔径为 1.4 的油镜，此外由于聚合物的变形问题，信息点难以固定。

1993 年，日本大阪大学的 Kawata 等人采用单光束双光子聚焦方式，在致变色材料二芳基乙烯衍生物 B1356 中实现了 26 层位相单元数据存储，层间距为 5μm，信息层间有窜扰。材料经历了 104 次写 / 擦循环后，没有出现明显的疲劳现象，记录的信息在 800℃环境下可存放三个月，该材料在 3000℃下没有发生热开环反应。此后，他们又在螺苯并吡喃衍生物中实现了两层存储，由于螺苯并吡喃稳定性差只实现了 7000 次无损读出，且层间距为 70μm。

1996 年，美国 California 大学 Irvine 分校的 Rentzepis 等人采用正交双光束产生双光子的方法进行页面式信息写入，单光束页面式信息读出，在 $10 \times 10 \times 10mm^3$ 的罗丹明 B 材料中实现了 100 层信息存储（10000bits/layer），层间距为 30μm。

1996 年，美国纽约州立大学的 Cheng 等在光致漂白材料 APSS 中用飞秒激光（92MHz、90fs、800m）和 40X 油浸物镜实现了 40 层信息存储，层间距为 5μm。

澳大利亚的 M.Gu 等人用 800nm 的脉冲和连续激光在光致漂白材料 APSS 中实现了双光子激发的 6 层光存储，点间距和层间距分别为 4.3μm 和 20μm，存储密度为 $60bits/cm^2$；虽连续激光写入结果不如飞秒激光写入结果，但它无疑代表着双光子三维存储的一个实用化发展方向。此后，他们在光致漂白材料 AF.50 中又实现了多层光致漂白存储。

1998 年，俄罗斯莫斯科州立大学 Koroteev 等人以 PMMA 掺杂有机光致变色 NP 材料分子为存储介质，采用带隔离层的所谓 2.5D 的堆积层盘片结构，用单光束双光子逐点写入，实现了两层存储，点直径和层间距分别为 1.7μm 和 30μm，这种 2.5D 的堆积层盘片结构的层数不可能太多，且层间距过大。

1999 年，美国纽约州立大学 H.E.Pusavar 等人用单光束双光子写入和单光束荧光读出方式，在掺杂光致变色分子 AF240（20%）聚合物材料中，实现了点间距和层间距分别为 lpμm 和 10μm 的信息存储，存储密度达到 $100bits/cm^3$，他们仅实现了四层光存储。

2003 年，希腊佩特雷大学 polyzoa 等实现了层间距为 4μm 的三层光致漂白存储。

综上所述，双光子三维光存储研究已取得了许多可喜的成果，但此项技术走向实用化还存在许多必须解决的关键问题：飞秒激光的实用化；高灵敏性、稳定性和抗疲劳性存储介质的获得；如何解决透镜因空气与介质间巨大的折射率差导致的像差问题，进而缩小层间距，提高存储密度；如何克服在介质深层存储信息时光能下降和信号强度减弱的问题等。

第七节 信息的铁电存储

一、信息铁电存储简述

利用磁性材料的铁磁特性实现信息存储的优点是存储容量大，能永久存储，但存储速度慢、体积大、可靠性低。与磁存储器相比，半导体存储器虽然具有速度快、功耗低、成本小、可靠性高等突出的优点，但有两个致命的弱点。

一是只有在通电的状态下才能保持存储信息，一旦断电就会丢失全部信息。

二是对辐射非常敏感，这对军事及航空航天领域的应用非常不利。铁电材料具有非挥发性、抗辐射性能强等特点，因而早在 20 世纪 50 年代初期，人们就对铁电存储技术寄予了很大的希望。在它兴起之时，备受人们的关注。

美国的 IBM 公司、RCA 公司和 Bell 实验室以及欧洲许多国家都对钛酸钡陶瓷薄膜铁电存储器进行过广泛而深入的研究。但在当时的技术条件下，铁电存储器的研制未能获得成功。当时遇到的问题主要有两个。

一是在当时的薄膜制备水平下，还不能制备出符合要求的铁电薄膜。研制出的铁电存储器中铁电材料为块状（膜很厚），因而工作电压高（几十伏至几百伏），不能与微电子功能工业对硅集成电路所规定的标准 TTL 工作电斥相匹配。

二是由于铁电电容开关的阈值电压难以控制，在所采用的简单阵列式存储器中，相邻存储单元之间容易发生串扰，并且会从非读出单元中产生"半选干扰脉冲"。因此，20 世纪 70 年代中期几乎终止了对铁电存储器的研究。

导致这项研究搁浅的另一个原因是 20 世纪 70 年代半导体存储器的研制和应用获得了很大成功。随着半导体集成电路技术的发展，RAM 获得了很大成功，其中包括存取速度很快的 DRAM 与 SRAM。它们与磁存储器相比具有速度快、功耗小、成本低、可靠性高等优点，很快取代了磁存储器而成为计算机的主存储器。为达到永久存储的目的，半导体存储器工业中发展了以硅为基础的 PROM、EPROM 和 EEPROM。此外，科学界重新想起了铁电材料的非易失性与抗辐射性的特点。

到 20 世纪 80 年代末，随着铁电薄膜沉积在硅器件上获得成功，铁电薄膜半导体随机读取存储器（FRAM）问世，铁电存储技术的研究再度成为热门。铁电存储器之所以又引起人们如此大的关注，主要有两个方面的原因。

一是铁电薄膜沉积技术趋于成熟，使铁电存储器的工作电压与 TTL 电压相匹配已经成为可能；二是半导体存储器的易失性和非抗辐射性使它在军事和航空航天领域不能得到广泛应用，人们需要寻找一种新的存储器来代替半导体存储器。因此，自 20 世纪 80 年代末开始，科技界再次掀起研究铁电薄膜和铁电存储器的高潮，其中美国、日本及西欧的发展尤为迅速。

美国 Krysalis 公司采用锆钛酸铅（PZT）铁电薄膜与半导体 CMOS 结合，首先研制出了 512 位铁心存储器，接着 Ramtron National 等公司研制并生产出多种型号的铁电存储器。

20 世纪 90 年代，FRAM 开始产业化，1992 年 16Kb、64Kb 的 FRAM 已经进入实用阶段。Symetrix 和 Matsushita 公司通力合作，于 1994 年推出了 256Kb 单管 / 单电容式的 FRAM。美国还和日本联合，计划共同完成 4Mb 铁电 DRAM 的研究。

铁电薄膜存储器是一种近于理想的存储器，与其他存储器相比，由集成的铁电薄膜与半导体晶体管相结合而制备成的永久性存储器具有以下特点：

1. 即使切断电源，记忆的内容也不会消失，即具有非挥发性；

2. 能以与 DRAM 同样快的速度进行读出、写入操作：

3. 与 DRAM 和 EEPROM 相比，耗电少。

可见，铁电存储器综合了半导体存储器与磁存储器的优点，并能与半导体工艺相兼容，因而在计算机、航空航天、军工等领域呈现出空前广阔的应用前景。如果能够制作大容量的铁电存储器，它将可以替代除高速 SHAM 之外的所有存储器。因此，人们认为，若采用大容量的 FRAM 作为未来计算机的存储器，将比现在使用的存储器体系有大幅度的改进。早在 1988 年就有人预测，由于铁电存储器的研究成功，将使目前使用的存储器类型中的相当一部分被淘汰，在未来的存储器中，铁电存储器将成为主要的存储器。

二、铁电存储器的类型

铁电薄膜在半导体存储器中的应用有多种不同的方式，所用材料及其性能有很大的差别，有以下几种类型。

1. 非易失性铁电存储器

非易失性铁电存储器主要有两种类型：铁电随机存取存储器——FRAM（Ferroelectric Ramdom Access Memories）和铁电场效应晶体管——FFET（Ferroelectric Field Effect Transistor）

（1）FRAM

它以铁电薄膜的极化反转为基础的开关型电容器作为信息存储读取的核心部件。它是由铁电薄膜制成开关电容，再与 Si 或 GaAs 半导体场效应晶体管相结合制备而成的。

（2）FFET

这是以铁电场效应管为基础的铁电存储器，它是将铁电薄膜直接沉积在 EFT 的栅区，利用自发极化 Ps（或正或负）对源漏间电流的控制来存储数据。

2. 动态随机读取存储器 DRAM

目前 Gb 级 DRAM 已经问世，超大规模集成电路的制造已经进入 0.16~0.25pm 时代。在存储密度增加的同时，特征尺寸却不断降低，这就要求存储电容器的单元存储容量相应增加（Gb 级 DRAM 的单元电容量至少要达到 40pf）而体积相应减小。

三、电子纸与电子书存储技术

用现代信息技术的眼光来看，纸质的印刷品就是非常便宜的只读存储器与显示器的组合。20 世纪 90 年代初，托夫勒在《第三次浪潮》里预言，计算机的普及会带来无纸办公，从而减少纸的用量。可事态的发展却与托夫勒的预言正好相反，计算机的普及使纸的用量激增。纸的好处可以列出许多：便宜、柔软、轻便、可以折叠、携带方便。纸具有良好的对比度，而且有高而稳的反射率，可以从很宽的角度进行阅读。纸还有一个特别的优点，它不需要电池。时至 2001 年，纸和印刷术终于遇到了值得重视的竞争者：电子纸或电子墨水。

（一）电子纸

1. 电子纸的产生

人类的视觉经数百万年进化而来，它特别适合反射光的环境。太阳将光投向万物，万物因反光而有其形。因为反光，物体的对比度、亮度、色调能随环境光的变化自行调整，视觉效果自然、协调、舒适。而显示器自己发光，不能随环境的变化自动调整，也不能随意移动，它将人的眼睛长时间固定在屏幕上，头部也因此失去了运动的机会。很多人颈部、眼睛因此受到损伤。纸是反光的，可以随意移动，与显示器相比，不知道高明多少。纸的问题在于印在上面的内容不能改变。

希端登（Nicholas K.Sheridon）是施乐公司资深高级研究员。1975 年，希端登产生了一个想法：与其用显示器代替纸，不如用纸代替显示器。他认为应将纸的只读存储器性质改成随机存储器，使印在纸上的字能受控变化。

1996 年，物理学家杰柯伯森（Joseph Jacobson）加入了麻省理工学院的媒体实验室。他研究的显示单元是非常细小的透明空心球形胶囊，里面注满深色的油，油里再置入带电的白色微粒。这些微粒在电场作用下，会聚集在球形胶囊的一个顶端，施以反向电场，微粒就移到球的另一端。这些球形胶囊以印刷的方法涂在软塑料膜上，其上部和下部再印上透明的电路，就可以用来显示图形了。杰柯伯森将这种方法称为电子墨水（E-Ink）。

1997 年，杰柯伯森创立了 E-Ink 公司，专门开发电子纸。1999 年，E-Ink 公司推出了第一款产品：Immedia 电子纸看板。这是用于显示信息的大型显示器，其作用与发光二极管类似。

希端登于 20 世纪 90 年代中期继续研究电子纸，也取得了进展。他的新方案与 E-Ink 类似，不同之处在于，他在透明中心球形胶囊放置分别带正负电荷的黑白两色微粒。在电场的作用下，黑白微粒分别聚集在两极以显示信息。为此，施乐公司宣布成立 Gyricon 媒体公司，专门研发电子纸。

2. 电子纸的原理与特点

所谓电子纸，是对"像纸一样薄，可擦写的显示器"的统称。电子油墨（或电子墨水）是电子纸的核心。最初研制的电泳液显示寿命短，后来发明的微胶囊技术才使电子纸得以进入应用阶段，所谓微胶囊技术就是把电泳液及悬浮的色素颗粒包裹在微米尺寸的微胶囊内，使色素微粒不至于聚集在一起，实现高寿命显示。这种微胶囊化的电泳技术就叫电子油墨。电子油墨的颜色可以调整为其他颜色，这样可使电子纸显示各种色彩和图案。

SONY 已制出反射率为 73% 的高亮度电子纸张。一般情况下电泳显示器的反射率均在 40% 左右，TN 液晶的反射率还不足 5%，即便是报纸的反射率也不过在 50%~60% 之间，73% 的反射率可以说是非常之高。SONY 开发的电子纸张利用电化学反应引起的银析出和溶解作用，其结构是在电极之间填入一层白色乳胶状固体电解质。由电化学反应而溶解到固体电解质中的银离子作为银析出到透明电极以后看起来是黑色的。反之，如果把析出的银溶解到固体电解质中，由于直接看到的是白色乳胶状，因此看起来就是白色的。

SONY 试制品的画面对角尺寸为 4 英寸，像素数为 320×240，分辨率为 100dpi，工作电压低于 5V，对比度为 20∶1，响应时间为 100ms。目前需要解决的课题是低温环境下的响应速度。

美国国际商业机器公司（IBM）研制出一种"柔软"的薄晶体管，在此基础上可制造出像报纸一样能卷曲折叠的电脑显示器。材料科学家把有机和无机混合材料溶解，然后对溶液进行加工，从而获得结晶，形成有机和无机材料薄层交错叠成的晶体管。这样制成的晶体管厚度不超过一根头发丝的直径，并具有良好的柔韧性。普通晶体管需要在高温下制造，因而不能以塑料等柔性材料为基板，只能采用在高温下不会熔化的坚硬材料。这种新型晶体管可在室温下制取，因此能安装在柔软的基板上。新型晶体管的性能与无定形硅相似，可用于制造薄而柔软的新型显示器。由于成本低廉，它可望广泛用在便携式电脑、移动电话乃至易折叠的电子报纸和杂志等产品上。

在美国，朗讯技术公司和电子油墨公司计划开发的电子纸将是完全用类似于油墨纸张印刷工艺而不是用较昂贵的硅片制造工艺制成的柔性塑料电子显示器，并计划推出用于下一代消费性电子产品的超薄、轻型显示器。

这种电子纸的关键元件是塑料晶体管和电子油墨。塑料晶体管由朗讯技术公司贝尔实验室开发，具有为常规硅真相同的特性，但只有柔性，且可印刷。电子油墨由数百万个充满暗染料和光色素的微囊组成。当由塑料晶体管的电场对微囊加电时，这些微囊就会改变颜色并形成图像。朗讯技术公司和电子油墨公司合作的目标是将塑料晶体管"印刷"到涂覆有电子油墨的柔件塑料膜上，也就是制作一种像纸一样柔软、像印刷品一样易读的纸样薄膜。

贝尔实验室的研究人员曾用丝网印制技术将世界上第一只塑料晶体管印到了透明薄膜上。电子油墨公司则展示了一种电子油墨显示器。电子油墨显示器与传统显示器相比具有独一无二的特性，如柔性、超薄和大尺寸。当接收到电信号时，电子油墨就会变色，表现出良好的显示能力、清晰度不亚于印刷品。

2000 年 3 月，日本千叶大学开发的电子纸更薄，厚度只有 0.1mm，真正达到了纸的厚度。这种电子纸的原理很简单，只是用氧化铟锡聚酯涂层做透明薄膜，上面的化学成分则作为连续电极。薄膜之间夹有无数黑色与白色的微粒，白色部分为氟化碳，黑色部分类似复印机用的墨粉。在薄膜带负电的部分，带正电的黑粒被吸附上去时显现黑色；在薄膜带正电的部分，因吸引带负电的氟化碳而变成白色。通过外加电场使带电微粒向电极移动，依质量大小自行分开，并一直保持在各自的位置上，直至下一个电场再次使它们运动起来。

东芝公司也推出了自己的电子纸。他们把带有边的白色微细塑料片按 0.3mm 间隔排列起来，由静电控制角度的变换，每层之间夹有更微细的黑色小塑料片，这些黑色小片可随着电场的变化，每秒沿缝隙进出移动 30 次，以此完成活动画面。它比液晶具有更好的白色性能，而且画面亮度不受视角影响。如果将白色塑料片换成着色的透明膜片，就可以像印刷品的画册一样显示丰富的色彩。这些电子纸每秒可显示数十幅画面，丝毫不低于电视屏幕的每秒 25 幅画面，而且即使断电画面也不会消失，制造成本也远低于目前使用的液晶显示屏。

电子纸具有很多优点。

电子纸视角很大，靠反射环境光工作，底色是非常地道的纸白，能在强阳光下舒服地阅读；掉电以后，电子纸上的图像不会消失。也就是说，一旦写上内容，其显示内容即使在断电后也可以照样显示。

电子纸质量非常轻，厚度也大约只有 1mm，可弯曲且非常容易做成大尺寸的产品。电子纸的分辨率达到 200~300dpi（现在计算机显示器的分辨率为 72~92dpi），电子纸还非常省电，一节电池可以用一年。

和传统的液晶显示技术相比，电子纸同样有极大的优势。

第一，电子纸显示技术不存在屏幕刷新，因此在显示静止内容的时候，电子纸基本上不消耗任何电能，这对于极端重视耗电量的移动性产品来说，无疑是一大福音。

第二，电子纸在显示对比度方面，完全超越了现有的任何一种显示技术，达到甚至超过印刷纸张的对比度，因此电子纸完全适合电子阅读。

第三，轻便并且可以折叠，这是电子纸技术与传统显示技术本质上的不同，电子纸是柔性的，可以像真正的纸张那样任意折叠弯曲。

第四，低廉的成本，虽然前期的产品价格仍然较高，但是总体上来说电子纸将是一种成本低廉的显示技术，大批量生产之后，其价格可以控制在相当低的水平上。

3. 电子纸的应用

电子纸可以与一台计算机相连，通过无线连接或互联网下载内容，再将内容传输到电子纸上，电子纸使用的感觉与纸一样。

不仅书刊、产品介绍、名片，差不多一切印刷品都有可能被电子纸取代。推出新产品时、更新联系方法后，能用无线方式自动更新旧的资料内容。更有甚者，有人设想用电子纸做成服装、家里的内墙和建筑物的外墙，设计师或用户可以随时更换图案，就像计算机屏幕的墙纸一样。

借助电子纸，数字媒体第一次可以将覆盖范围超越传统的 PC，从而延伸到一个前所未有的广度上。随着数字广告传播技术和电子纸的发展，未来的报纸应该是这样的：编辑部通过网络技术迅速反应，采编最新的媒体内容"上报"，内容通过数字广播技术（或者5G 之类的移动、通信技术）迅速发送到报纸订户的终端，而订户手中的电子纸张就可以即时刷新内容，保证随时获得最新的消息。整个流程和网站采编流程极为近似，却与传统报业的采编流程有很大的不同。还可以将每天的报纸存起来，随时将以前看过的内容从存储器里调到纸面上。

实际上，正在积极推进的"电子纸与计算机融合"的开发，已经成功试制出了将电子纸嵌入显示器的 PDA、能够与手机连接的电子纸等。今后的电子纸将进一步充实上面提到的显示功能，同时，还将扩大应用范围、提高易用性，比如可以实现同时显示多种资料或像纸一样手写输入等。这一领域今后的发展将引起人们的广泛关注。据估计，电子纸将会在未来几年内进入大规模应用阶段。

（二）电子书

1. 电子书的概念

电子书首先是一个简单的 PC 机，只有计算能力、通信能力和多媒体功能，此外还具有电子设备的各种特点。电子书与一个笔记本计算机的屏幕非常相似，并配有特殊的笔接触设备。电子书的操作简单，一般直接操作具有翻页功能的按钮，一些复杂的功能如传输、搜索等都可以用接触笔来完成。电子书之间还可以实现红外线交换，产生平常的借书效果。

电子书内部的硬件设备可以控制一种称为"全球唯一标识"（GUID）的数字标志，用于确定每个电子书的"身份"，这种能力对推动网络数字出版的版权保护非常有利。通过对出版内容的加密和利用公共密钥等技术对用户的资格进行验证，能够有效控制数字内容的发行量和指定发行范围，甚至指定到个人。通过控制，借书只能针对"免费内容"或"部分内容"进行，而不能随意传送、复制。

在电子书中集成的电子邮件能够让读者把精彩的图书或内容片段推荐给自己的亲友，还能够接收来自网络出版社的最新图书信息。电子书可增加声音功能，能够让图书发出声音，帮助读者阅读或听懂命令。书签功能能够让读者立刻定位到上次看过的位置，还能够随时记下自己的读书心得。与网络上的内容相比，电子书分布的内容更具有真实感和可行性。电子书把电子内容经过包装和授权发行后，具有了较高的可信度。

2. **电子书的特点**

电子书相对于传统书籍的主要特点是：内容具有可选性；便于查找特定的词汇、定义和其他参考性资料；可自己定制阅读，即改变显示的对比度、字体大小和文字风格。

结　语

　　档案是人类认识和改造世界的历史记录，是人类知识的结晶。它不仅真实地记录着从古至今人们从事社会经济、政治、军事、外交、科学技术、文化教育、艺术、宗教各方面活动的真实情况和发展轨迹，还记录着大量有知识价值的事实、数据、成功或失败的经验、科学技术成果和理论学说，是取之不竭的知识宝库，具有原型性、孤本性、继承性等特点。

　　我国的档案信息化建设是在信息技术日新月异、国家信息化战略不断推进、电子政务建设迅猛发展的多重背景下发展起来的。其中，信息技术是档案信息化的前提和基础。认识信息化和信息技术的基本概念和知识，有利于把握档案信息化的基本规律，克服盲目性，提高自觉性，增强对信息化战略的执行力。

　　总而言之，信息化是当今世界发展的大趋势，是推动经济社会变革的主要力量，大力推进档案信息化，是档案事业适应时代和社会发展的必由之路，更是提高档案管理能力和档案信息服务水平的必然选择。长期以来，我国档案部门实施信息化发展战略，制定了一系列发展规划、制度要求和标准规范。自20世纪80年代起，档案部门积极探索文档一体化，以及进行档案信息资源总库、目录中心、公共网站、数字档案馆（室）等建设，有效开展纸质档案数字化、电子文件归档、电子档案移交工作，使信息技术在档案管理中得到多方位、多层次应用，档案信息资源得到相应整合，逐渐实现了档案信息化管理，档案信息资源服务能力和安全保障进一步增强。

参考文献

[1] 滕春娥 . 互联网背景下审计档案信息化管理模式探讨 [J]. 财会学习 ,2021(18):117-119.

[2] 姜英花 . 档案信息化提高档案管理能力 [J]. 中国信息界 ,2021(3):90-92.

[3] 张美英 . 基于 "智慧校园" 推进高职院校档案信息化建设 [J]. 中国信息化 ,2021(6):81-82.

[4] 陈飞君 . 新形势下城建档案管理现状及应对策略 [J]. 兰台世界 ,2021(S1):43-44.

[5] 王哲 . 档案信息化建设在医院档案管理中的价值 [J]. 兰台世界 ,2021(S1):67-68.

[6] 韩亚洲 . 事业单位档案信息化建设的问题与策略 [J]. 兰台世界 ,2021(S1):68-69.

[7] 冯爱明 . 档案信息化对校园文化建设作用浅析 [J]. 兰台世界 ,2021(S1):84-85.

[8] 于锋 . 新时期加强高校人事档案信息化建设的必要性及对策研究 [J]. 兰台世界 ,2021(S1):85-86.

[9] 孙新红 . 档案信息化建设与服务创新的思考思路构建 [J]. 甘肃冶金 ,2021,43(3):124-127.

[10] 李蕴佟 . 新媒体时代档案管理策略分析 [J]. 产业与科技论坛 ,2021,20(12):266-267.

[11] 张仁芬 . 大数据时代地方高校档案信息化管理的现实问题与推进策略探讨 [J]. 兰台内外 ,2021(16):4-6.

[12] 张立云 . 利用科技创新促进档案工作高质量发展 [J]. 科技风 ,2021(15):14-15.

[13] 李莹 . 关于档案信息化建设与档案管理的思考 [J]. 科技风 ,2021(15):96-98.

[14] 沈洁 . 企业档案管理信息化的认识和思考 [J]. 兰台内外 ,2021(15):18-20.

[15] 庞潇宁 . 数字背景下科技档案信息化建设与管理 [J]. 兰台内外 ,2021(15):31-32.

[16] 钱坤 , 王宗泽 . 大数据时代测绘档案信息化管理研究 [J]. 测绘与空间地理信息 ,2021,44(5):211-212+215.

[17] 林霞 . 当前档案管理信息化建设误区分析与突破策略 [J]. 办公室业务 ,2021(10):101+159.

[18] 胡忠全 . 农业科技档案管理信息化途径分析 [J]. 办公室业务 ,2021(10):102+188.

[19] 符诗晗 . 档案信息化建设与档案管理的思考 [J]. 办公室业务 ,2021(10):103+190.

[20] 龙远琼 . 基于企业档案信息化建设的建议 [J]. 办公室业务 ,2021(10):105-106.

[21] 辛克盛 , 王永红 . 人力资源管理视角下的高校人事档案信息化建设 [J]. 办公室业

务 ,2021(10):107-108.

[22] 苗菁 . 大数据背景下人事档案信息化建设问题与对策 [J]. 办公室业务 ,2021(10):109-110.

[23] 黄林 . 构建校企合作信息化档案管理体系 [J]. 中外企业文化 ,2021(5):67-68.

[24] 戚会转 . 大数据时代建设项目档案信息化建设面临的挑战及应对策略 [J]. 城建档案 ,2021(5):35-36.

[25] 陈丽颖 , 李亚珂 , 朱富成 , 等 . 数字记录时代档案信息化建设的思考：基于系统论的视角 [J]. 档案管理 ,2021(3):60-61.

[26] 赵东龙 . 高校档案管理工作的现状与对策探讨 [J]. 档案管理 ,2021(3):121-122.

[27] 李香玉 . 提升信息化水平优化流动人员管理服务 [J]. 山东人力资源和社会保障 ,2021(05):44-45.

[28] 孙英 . 试论文书档案管理信息化建设利用率与安全保护 [J]. 科技风 ,2021(13):113-114.

[29] 惠红婷 . 大数据时代高校档案信息化建设的策略分析 [J]. 办公室业务 ,2021(9):78-79.

[30] 张华容 . 高校档案信息化建设的误区及对策 [J]. 办公室业务 ,2021(9):82-83.

[31] 刘亚玲 . 论新形势下企业档案管理的信息化建设 [J]. 科技经济导刊 ,2021,29(13):63-64.

[32] 李莎莎 . "互联网 +" 背景下档案编研工作转型发展问题探析 [J]. 秘书之友 ,2021(5):38-40.

[33] 杨金梅 . 信息化环境下高校档案管理中的问题及改善策略 [J]. 兰台内外 ,2021(13):34-36.

[34] 卫洁 . 图书馆档案管理信息化建设存在的问题及完善策略 [J]. 兰台内外 ,2021(13):7-9.

[35] 吉涛 . 浅析数字时代科研单位档案信息化建设 [J]. 办公室业务 ,2021(8):97+108.

[36] 孙佳 . 大数据背景下科研档案信息化管理策略探析 [J]. 办公室业务 ,2021(8):98-99.

[37] 陈飞 . 关于高校特色档案建设的若干思考 [J]. 黑龙江档案 ,2021(2):26-27.

[38] 杨阳 . 大数据时代档案信息化建设的挑战与探索 [J]. 黑龙江档案 ,2021(2):193-194.

[39] 周文奎 . 浅析信息化时代基层档案管理质量的提升与发展 [J]. 商讯 ,2021(11):181-182.

[40] 赵津华 . 档案信息化建设与档案管理的思考 [J]. 兰台内外 ,2021(10):13-15.

[41] 张玲玲 . 档案信息的有效利用和保护 [J]. 办公室业务 ,2021(7):91-92.